打造幸福组织

WAY TO HAPPINESS IN ORGANIZATION

吕峰◎著

清華大学出版社
北京

内 容 简 介

本书聚焦于讨论组织内部的幸福建设。在积极心理学和人力资源管理相关理论的基础上，结合企业的管理实践，本书从招聘、工作设计、领导力、薪酬福利以及文化建设五个维度论述了幸福组织建设的基本问题。

本书不是一本严格意义的操作指南，但本书所总结的方法都是由管理者们非常熟悉的要素所重新构成，这就更具有实际的操作性，那些试图营造良好组织氛围的管理人员可以从书中找到一点线索。

本书封面贴有清华大学出版社防伪标签，无标签者不得销售。
版权所有，侵权必究。举报：010-62782989，beiqinquan@tup.tsinghua.edu.cn。

图书在版编目(CIP)数据

打造幸福组织/吕峰著.—北京：清华大学出版社，2020.10
ISBN 978-7-302-56238-2

Ⅰ.①打…　Ⅱ.①吕…　Ⅲ.①企业管理—组织管理学　Ⅳ.①F272.9

中国版本图书馆 CIP 数据核字(2020)第 151612 号

责任编辑：张　伟
封面设计：孙至付
责任校对：王荣静
责任印制：丛怀宇

出版发行：清华大学出版社
网　　址：http://www.tup.com.cn，http://www.wqbook.com
地　　址：清华大学学研大厦 A 座　　**邮　　编**：100084
社 总 机：010-62770175　　**邮　　购**：010-62786544
投稿与读者服务：010-62776969，c-service@tup.tsinghua.edu.cn
质量反馈：010-62772015，zhiliang@tup.tsinghua.edu.cn
印 装 者：三河市龙大印装有限公司
经　　销：全国新华书店
开　　本：170mm×240mm　　**印　张**：12.25　　**字　　数**：151 千字
版　　次：2020 年 10 月第 1 版　　**印　　次**：2020 年 10 月第 1 次印刷
定　　价：69.00 元

产品编号：087539-01

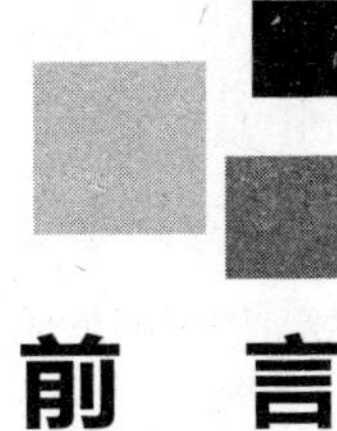

前　言

在《未来简史》一书中，作者赫拉利认为，在20世纪人类已经解决了带给人类深重苦难的问题，即困扰人类发展的三个难题：饥饿、瘟疫和战争。而在21世纪，除了获得所谓“永生”之外，“人类未来的第二大议题，可能是要找出幸福快乐的关键”。也就是说，追求幸福将成为全人类未来的重要课题。

幸福是什么？在世界不同的语言体系中，幸福包含的意义并不完全相同。尽管如此，但对幸福的追求却是全人类一致的目标。虽然现在也很难从学术角度给出幸福的准确定义，但这丝毫不妨碍我们去深入探讨那种积极的、美好的、令人向往的状态。

一个最现实的问题是，幸福可以创造或者说可以有组织地经营吗？答案是肯定的。在2008年汶川地震后，重灾区的北川是我国唯一的羌族自治县。中国科学院心理研究所发现，面对突如其来的灾难，与汉族人相比，羌族特有的文化价值观、生活方式以及人际互动等对于受灾群众的心理状况产生了积极影响。研究进一步明确，个体内心痛苦的减弱或者幸福的强化是可以经由外部干预来影响的。

回到企业管理实践中。对于一个职场人来说，工作场所是个体幸福感的重要来源，甚至是更重要的来源。许多研究表明，在工作场所，幸福感强的人将会产生更多的积极行为和更少的消极行为。总体而言，由幸福感强的人所组成的幸福组织更有可能是一个优秀的组织。所以，建立一个让大家都开心的、其乐融融的组织，组织绩效也就有了更稳固的基础。

借鉴积极心理学给出的个体幸福的公式，本书尝试给出了幸福组织建设的五要素模型。

(1) 幸福组织是招聘出来的：招聘本来就幸福的人，并且让他们一直和工作动态匹配。

(2) 设计可以带来幸福的工作：物理环境安全有趣，工作本身富有意义。

(3) 让追随者幸福起来的领导力：领导力意味着幸福力，能够给下属带来幸福感的领导者将会把重心放在如何让追随者更加投入，并打造出积极的团队人际关系。

(4) 实在的薪酬带来幸福的心：薪酬不是企业付出的成本，而是对人们热爱工作的感谢，实实在在的薪酬带给员工稳定的、持久的、可以选择的幸福。

(5) 营造幸福氛围的企业文化：企业文化所营造的氛围把员工卷入幸福中，而具体的保障手段让幸福温暖可及。

营造组织幸福感，听上去似乎并没有直接给企业带来盈利，但它却是通过强化内部以适应外部变化的必然选择，是未来组织发展的必然趋势。相反，一个漠视员工幸福感的企业，无法得到员工发自内心的支持，恐怕也很难赢得持续发展。正因为如此，越来越多的企业开始意识到幸福不是一个虚幻的话题，它是企业竞争力的无形基础。理性、科学地提升内部员工的幸福感，将企业打造成幸福组织，才是真正的深谋远虑。

作　者

2020 年 3 月

目　录

第 1 章

绪　论

进入 21 世纪的第三个十年，技术与社会的迅猛发展对管理实践的各个领域都产生了巨大影响。在各项管理职能中，受此影响最大的或许是人力资源管理。虽然在管理实践的战术层面，企业已经开始对人力资源管理活动进行调整，但是对人力资源管理职能的深入思考却没有取得实质性突破。这种滞后不仅带来了当下企业在人员管理方面的各种问题，未来也将影响整个组织的经营绩效。面向未来，我们亟须反思并更新人员管理的理念，内外环境的巨大变化使得这成为一个既迫切又重要的任务。

1.1　从价值创造到幸福创造

未来已来，经营环境更加扑朔迷离，它所产生的影响和带来的挑战非常现实地摆在今天的领导者面前。从战略层面上试图清楚地规划企业发展已经越来越困难，而在具体管理层面，另一个极为现实又迫切的问题就是人员的管理。无论技术怎么带来自动化、电子化、无人化，商业模式怎么精巧设计，决定一个组织存亡成败的仍然是人的问题。“90 后”“00 后”陆续进入职场，这些新生代与以往员工有着不同的追求。管理对象的变化要求企业重新梳理人员管理思想，并接受人员管理的新任务。

1.1.1 人的变化

自经济学家 Knight 于 1921 年首次提出“不确定性”的概念以来，人类对不确定性的感知从没有像今天这样真切而急迫。信息技术的不断革新与应用、新型商业模式的不断涌现以及全球经济一体化的深度发展，都在将更多、更复杂的动态性带入企业经营的内外部环境之中。今天，人们更是将环境属性浓缩定义为易变性、不确定性、复杂性和模糊性，也就是通常所说的 VUCA（volatility，uncertainty，complexity，ambiguity）。

为什么目前环境呈现出 VUCA 的状态？《信号与噪声》告诉我们，科学技术尤其是当下人类互联互通后各种技术的迅猛发展是主要原因。蒸汽机和互联网让人们的行动和思想能够在一个更大的范围里交流和分享，诸如“世界是平的”“地球村”等说法也就不难理解了，与此同时，日新月异的科学技术不可阻挡地将人们带入一个每时每刻都在变化的环境。其实，本书只是分析了硬币的一面。我们不应忽略另一面，那就是经济和社会的发展又激发了人们内心的欲望，在追求个性化和个体价值的今天，人们内心欲望膨胀的速度也越来越快，视野被扩大的人们渴望更广阔的视野。于是，技术和人们的欲望交织在一起共同塑造出不可知的环境，由此不难断定，VUCA 将是今天以及未来环境的一种常态。

环境的变化自然会影响到组织内部的人员。近些年，企业的领导者和人力资源经理普遍感到“90 后”“00 后”与“60 后”“70 后”“80 后”的状态是很不一样的。原因是什么呢？虽然可以从很多角度进行分析，单就事实来看，这些所谓新生代的成长环境中有一个最大的影响因素就是诞生于 1990 年的互联网。虽然有些吊诡，但是“90 后”的确是伴随互联网成长的第一代人。对于“70 后”“80 后”来说，尽管他们也能够非常熟练地运用互联网，但这种应用仅限于工具层面。而对于“90 后”，尤其是从 2018 年开始出现在职场的“00 后”，互联网对他们来说是一种生活方式，并且已经融入他们的基本生活设定当中。

互联网对新生代员工的影响是巨大的和深远的。本书不想就此展开广泛讨论。回到我们的主题，聚焦到工作层面，新生代员工会有怎样不同的表现，或者他们更看重什么。类似的观点很多，下面我们简单小结一下。

（1）对个人价值的追求。目前企业中的员工，既不能简单地定义为“经济人”，也不能把他们看作“社会人”，他们大都是有着多种欲求、受多种方式激励的“复杂人”，即他们不仅希望通过自己的努力工作得到相应的回报，而且在信息技术不断发展的今天，他们希望借助企业的平台能够成就一番事业。这两年蓬勃发展的创新创业以及不断出现的财富分化更是让新生代员工蠢蠢欲动。

（2）希望得到尊重。新生代员工大都有着良好的教育背景。在工作中，他们渴望与他人的合作和沟通，并且希望通过展示自己的才华，得到别人的认可和尊重。有些管理者认为新生代员工不会沟通，其实，他们只是不按照过往的方式来交流。那些在企业人际交往中沉默不语者在互联网的世界却很活跃。一份体面的工作以及工作中的体面是尊重的具体表现。

（3）希望得到发展和个人成长机会。每一个员工都不愿放弃发展和学习的机会，因为信息技术的发展十分迅速，一个人的自学很难完成对所有新知识的吸收，他们需要得到全方位的滋养，并期望企业能不断丰富他们的知识。工作的目的是利用它积累技能，从而为得到下一份工作创造机会。忠诚只是对职业，而不是对老板和公司。越来越多的知识型员工不再以金钱作为自己唯一追求的对象，他们把个人发展放在首先考虑的方面。传统的职业生涯已不能满足他们的要求，他们希望在工作的变换中寻找最适合的位置。所以，如果企业还一味地以过去的思想来思考员工目前的行为，而不考虑改变过去的观念，谋求与员工的共同发展，那么，员工的高流动率就不能简单地归因于员工缺乏忠诚。

(4) 希望在民主的氛围中工作。传统的、命令式的管理方式无法适用于新生代员工，因为员工整体的受教育程度和知识水平较之以前有了很大的提高，他们渴望得到信任和授权，他们希望自己的观点能够得到大家的认同，而且为了能更好地完成任务，他们需要一个民主的氛围密切合作，能够自由地发表见解。

以上这些还不是全部的观点。企业必须知道员工已经和正在发生的变化，它们没有孰对孰错，就是随着环境的变化而自然产生。接受新的现实，有些问题也就不再存在了，如“为什么他们不交流”“为什么现在的年轻人不像以前的人那样负责”“为什么总跳槽”等。百度公司领导人李彦宏曾经给全体员工写了一封信，在网络上引起了人们广泛的讨论，信中说到要淘汰小资，呼唤狼性。“什么是小资，我的定义是有良好背景、流利英语、稳定的收入，信奉工作只是人生的一部分，不思进取，追求个人生活的舒适才是全部。”如果所谓问题是由于人们的变化而天然产生的，那么，按照过去的传统方法去思考和对待才是有问题的，事实上，很多企业领导者对新生代员工的判断往往是基于过去经验的、自己的一厢情愿。

在这样一个变革的时代大背景下，人与组织的关系也在发生改变。传统的关系是组织通过人力资源职能获得员工，员工按照组织指令进行工作，这是一个单向的关系。但是现在，随着个体意识的觉醒，随着知识经济时代的到来，员工对于组织的影响将会变得越来越大。那些有知识、有技能、有思想的员工不再是被雇用，而是借助公司的平台自雇用。

在这样的情形下，围绕人员管理的关键战略策略就需要重新定位：企业是“因事设人”还是“因人设事”？理性的逻辑都是支持因事设人的，那就是在公司战略、经营计划、组织职责、工作分析基础上，公司招聘和选拔合适的员工。但是这种逻辑也只是出现在黑板上和一些咨询报告里。现实的情况倒是像《从优秀到卓越》这本书所描述的：“在这个研究项目开始之前，我们以为会有这样的发现：将一个公司从优秀迈向卓越的第一步是为公司设定一个新的方向、新的远景和战略，然后找到合适的人，再朝新的方向前进。我们发现有时情况恰恰相反。那些主管不是首先确定目的地，然后才把人引向那里。他们首先让合适的人上车（不合适的自然请下车），然后才决定去向何处。”也就是说，这些卓越的公司采取的其实是因人设事的人员管理策略。如果说“礼贤下士”在过去是表述一个领导者的优秀品德，那么，今天对员工的尊重已经成为一种基本、一种必需。

环境、人员以及人与组织关系的这些变化都已经越发地明显了，这就意味着人员管理方面也必然要随之进行调整。如果管理者认为过去的管理方法已经足够优秀，并试图在未来继续应用下去的话，那结果估计就不会太理想，类似的例子不胜枚举。只有顺应变化的潮流，对人员管理进行重新思考和定位，才是继续做好人员管理工作的正确思路。

1.1.2 人员管理思想的发展历程

在探讨人员管理思想的未来发展之前，我们可以先看看人员管理思想演进的历史脉络，尤其是观察影响人员管理思想演进的基本动力。毫无疑问，这个动力也将对未来产生决定性的作用。从管理学学术体系的角度来看，人员管理思想首先经历了从最早的凭经验管理到劳动力管理、人事管理、人力资源管理，然后到现在的战略人力资源管理。

在管理理论诞生的20世纪初期以前，与今天的企业相比，当时的组织规模不大，经营环境较为稳定，与其说是人员管理，不如更准确地定义为一种团队领导力，一个工厂主其实就是一个团队的负责人。企业管理者没有受过系统的管理技能训练，也没有专门的管理知识，在企业中去做管理都是凭借经验。经验的获取可能是通过师傅的现场教授，也可能完全来自模仿。这里需要对经验特别说明一下，很多人一说起经验都认为是不科学的，这种认识是不正确的。所谓经验，一是指从实践中获得的知识，二是指经得起考验的规律。经过深刻反省和思维加工并提炼与升华的经验是非常宝贵的。

从完全凭经验管理到科学规范地建立基本的规章制度以保障人员管理的效率，在这个过程中，起到决定性作用的著名人物就是弗里德里克·泰勒。“管理学之父”撰写的《科学管理原理》1911年出版，它不仅正式宣告了管理作为一门学问的诞生，更是为未来世界的生产效率奠定了基础。在这本书里，泰勒总结出四条基本的科学管理原理。其中第一条也是最重要的原则就是标准化：通过动作和时间研究法对工人工作的每一个环节进行科学的观察分析，制定出标准的操作方法，用以规范公认的工作活动和工作定额。

标准是什么？说到底就是一种普适的经验。回到100年前的美国工厂，当时的厂长面对的最大挑战是什么？工人的多样性。美国工厂的工人来自世界各地，种族、国别、宗教信仰等都不一样，所以过去积累的经验也是不一样的，即使同一个工种，在一个工厂开展工作都是不容易的。泰勒制定严格的标准，要求所有的人都按照标准来进行操作，从而能够保障生产系统的有效性。那个时候的人们对于机器、标准化的痴迷完全不亚于今天人们对人工智能的热衷。在泰勒的科学管理系统中，人员的行为以及劳动产出都被设计成与机器设备一样，都是标准规范的。我们称那个时期的人员管理思想为劳动力管理。

就在科学管理思想如火如荼地普及世界时，哈佛大学心理系教授梅奥在西屋电气公司霍桑工厂的实验却带来了另外的声音：工作现场的人们不是机器设备，尽管他们的行为标准化，尽管泰勒计划制定出精密的计件工资制，但是他们的行为依然会受到情绪的影响，而且貌似独立的个体其实在组织内部不自觉地形成了非正式组织，简单来说就是员工其实是有思想的而且是分伙的。机器设备是冰冷的，它们不会因为共同的遭遇而组成非正式组织。在这次有意思的发现之后，大批心理学家和社会学家开始进入管理实践的现场，他们发现不能简单把人当作设备机器：员工是有需要的，是有情绪的，情绪是会影响行为的，因而他们的行为是可以通过需要来干预的。

随着第二次世界大战后经济复苏和企业发展，人们开始追求理想和反思自我价值，简单地将他们等同于机器设备只能适得其反。马斯洛等学者深入研究人的需要，并在此基础上发展出用于工作场所的员工激励理论。该理论比之前的劳动力管理增加了人文的色彩，也使人员管理思想和管理方法更加全面，这就是人事管理阶段。

日本在第二次世界大战后的崛起直接促成了人员管理思想的再次飞跃。作为战败国的日本，仅用了 30 年不到的时间就迅速崛起成为资本主义强国。尤其是在 20 世纪 70 年代，日本的企业更是在全世界大规模资本扩张。人们开始研究日本腾飞的原因。从企业角度，研究者发现日本企业管理有三个独特的制度：终身雇佣制、年功序列制和工会。与西方的契约制明确双方责任不一样，终身雇佣制下，日本企业将员工看成自己的孩子一样，对员工几乎要承担无限责任，而员工加入一个企业就相当于加入一个家庭，对企业也要终身负责；年功序列制按照中国儒家思想的长幼有序、论资排辈完美地解决了企业内的秩序问题，年轻人浮躁的心理情绪得以控制，员工扎实勤勉，企业保持平稳运行，这与西方所讲求的绩效主义也是不一样的；日本的工会是劳资关系的润滑剂，工会的逻辑也与西方企业工会不太一样。西方企业工会和企业所有者是在争夺一张饼的分配——企业的利润资本家拿多少、工人拿多少，日本企业工会的逻辑是工人和企业一起把利润这张饼做大，从而大家都能分到更多。在日本的企业中也会有罢工，但是他们一般有这样一句话：咱们上午多干一些，下午好去罢工。日本企业管理的三大制度都是和人有关，怎么去对待人和怎么去管理企业，成为当时世界各国管理学界争论的焦点。后来经过很多学者的研究总结，人力资源管理的概念最终被提出。

进入 21 世纪，随着知识工作者的崛起，员工在组织中发挥的作用越来越大，他们已经不单单是一种被雇用的状态，也不再是简单地帮助企业完成战略。事实上，很多企业还会根据员工的具体情形来修订战略。与此同时，人力资源管理部的职能常常分成两个部分：一部分是例行的，用来承担组织各部门对人力资源的基本需要；另一部分就具有更多的战略角色，不仅是企业内部的理论家、业务单位的战略支持者，甚至是整个企业的咨询师。总的来说，人员管理思想更加强调了人的重要性，方法和工具上都进一步优化，这样一来人员管理理论就进一步发展到战略人力资源管理。

通过上述的简单回顾，我们知道任何理论之所以对社会有价值，能指导社会实践，一定是它充分考虑了当时的社会、组织以及个体的变化，并且能满足诸多方面的诉求。换个角度看，推动理论发展的根本动力是各种不以人的意志为转移的变化，而顺应变化是理论得以长青的必然选择。其实，任何理论的革新也不是凭空的臆造。那些有意义的理论，正是基于对时代的清醒洞察，并根据时代变化进行的构造。人员管理思想进化到今天，已经到了时代的拐角。如果只是边角的修补，恐怕只能在整体商业进化的背景下不断退化。我们需要更深层次的理念更新。

1.1.3　首席幸福官

在今天这样一个变化的背景下，未来的人员管理应该是怎样的呢？对这个问题的回答不能脱离人员管理的对象，也就是员工。企业领导者都有这样的感受，正在成为工作主体的 90 后、00 后和之前的员工不大一样。究竟有什么不同？该怎么管理？各种观点见仁见智，所开出的药方也是五花八门，而在具体实践时又让企业领导者充满迷惑。在这种情况下，如果还拿捏不好未来的方向，倒不如回到最基本的状态。也就是说，如果要把人的问题很好地解决，就来看看什么是他们的最本质的需要，这样才能够做到纲举目张。正如《三字经》里所说：性相近，习相远。人们的行为虽然差别越来越大，但是人们的“性”也就是本质需要却从来没有改变。

那么，什么是人们的本质需要呢？在《未来简史》一书中，作者赫拉利认为在 20 世纪，人类已经解决了带给人类深重苦难的问题，也即困扰人类发展的三个难题：饥饿、瘟疫和战争。而在 21 世纪，除了获得所谓“永生”之外，“人类未来的第二大议题，可能是要找出幸福快乐的关键”。也就是说，追求幸福将成为全人类的重要课题。

其实，幸福，是人类从来没有放弃过的永恒追求。

幸福是什么？在不同的语言体系中，幸福包含的意义并不完全相同。例如，在拉丁语中，幸福的基本含义是至福；在英语中，幸福的基本含义是快乐；在汉语中，幸福是在为理想奋斗过程中以及实现了预定目标和理想时感到的满足状况与体验。在学术研究方面，不同人文学科也有不同的观点。无论是社会学、经济学、心理学还是哲学，都会在自己特定的研究领域内，通过自己特有的研究范式来展现对幸福的认识和理解。尽管对幸福含义的认识并不完全一致，但对幸福的追求却是全人类一致的目标。尽管很难给出幸福的准确定义，但这丝毫不妨碍我们去探讨那种积极的、美好的、令人向往的状态。

无论是强调科学化、标准化以谋求最高工作效率的科学管理理论，还是追求劳资关系和谐、以激励来提升员工工作绩效的行为科学理论，抑或是在创新整合（integration）中发展出来的知识管理理论，实质上都是基于人性假设产生的。其实，不论是经济人假设、社会人假设、自我实现人假设还是复杂人假设，都只说明了人们的某种具体追求，而各种追求的终极目的是幸福。人们工作、生活的根本目标和终极意义是追求幸福最大化。人们的许多追求与占有，充其量仅是达到幸福的手段与过程，为幸福提供一些外部的条件。从一个全新的视角重新审视现代管理问题，这正是 21 世纪全新的人性假设理论“幸福人假设”为我们指出的新方向。

许多研究表明，幸福的人将会产生更多的积极行为也就是所谓的组织公民行为，他们会表现出乐于助人、工作投入、表现超常、不会计较、积极面对困难等。同时，幸福的人将会产生更少的消极行为也就是所谓的反生产行为，如打架斗殴、消极怠工、偷窃等。总体而言，由幸福的人所组成的幸福组织更有可能是一个优秀的组织。所以，建立一个让大家都开心的、其乐融融的组织，组织绩效也就有了更稳固的基础。

这个听上去很不错的观点在现实管理中却是不容易实践的。因为在今天这样一个快节奏的时代，人们都更加直接或者更加结果导向。就好像今天栽了果树，希望明天就能结出果子来一样，那些基础性的工作让企业领导者不耐烦。但是我们要建议的是，企业领导者要沉下心来反思，并重新调整经营思路的原始锚定：绩效不是直接目的，它是在建立幸福组织之后的一种水到渠成，换句话说，绩效是积极行为的必然结果。

必须再次强调，理念的重新锚定是基于已经变化的对象：新生代员工更加关注自己的价值、成长、机会等，他们以追求除财富以外的幸福为目标。为了有效管理最为重要的人力资源，企业就需要顺应他们的变化，调整人员管理的理念：从过往服务组织创造价值，转而为员工营造幸福。企业领导者大可不必担心，因为磨刀不误砍柴工。

接下来一个很现实的问题，幸福可以创造或者说可以有组织地经营吗？在思考幸福组织建设时，一项有意思的研究吸引了我们的注意力，虽然它不是直接针对幸福，但却从另一个方面提供了重要的参考：如何面对痛苦（或者说重获幸福）。在 2008 年汶川地震后，重灾区的北川是我国唯一的羌族自治县。中国科学院心理研究所发现，面对突如其来的灾难，与汉族人相比，羌族特有的文化价值观对于受灾群众的心理状况产生了积极影响。具体来说：①羌族人对大自然的敬畏心和顺从可以避免灾后常见的悲伤感；②羌族人群体性的生活习惯，在地震之后，羌族人仍然会用歌舞寄托哀思，群体行为提供的相互支持有效地缓冲了痛苦；③羌族的山地文化使羌族人能够适应灾后恶劣的生活条件。这种比较非常清楚地告诉我们，痛苦也好，幸福也好，不是虚无缥缈或者无法干预的，其实，痛苦的减弱或者幸福的强化是可以精心设计并达成的。

既然人们会更着力于追求未来的幸福，既然幸福组织能够更加优秀，既然幸福也是有章可循的，那么，是时候重新思考人力资源管理者的角色和定位了。CHO，一般认为是 chief human-resource officer 的缩略语，翻译为首席人力官，现在这个称呼在公司中已经被广泛使用。算是巧合吧，也可以把 CHO 这个缩略语扩展为 chief happiness officer，翻译为首席幸福官。这不是一个什么新的噱头，也不是名词的简单调整，首席幸福官的设置是基于人员管理理念的彻底革新，并通过一些具体的行为切实地提升整体企业的幸福感，从而保障企业更有效地发展。

将首席人才官变更为首席幸福官名正言顺，这不仅是文字的调整，而且是配合新的形势要作出的理念转变，那就是人员管理不能仅仅把人当成实现组织目的的工具，组织内部的人和组织本身都是目的。首席幸福官的任务也不仅仅是人员的管理，他必须站在更高的层面，以更开阔的视野，打造出幸福组织。

1.2 幸福组织建设的基本模型

本书所讨论的幸福聚焦于组织中的个体，尤其是商业组织中的个体。对于一个职场人来说，他的幸福感主要由两部分构成：一部分来自他的家庭，另一部分来自他所处的组织。一个人的幸福状态与他的家庭当然密切关联，但不能忘记，他的幸福还会在很大程度上与他所处的组织、团队高度关联，后者是本书所关注的内容。基于学术研究和管理实践，本书提出了幸福组织建设的五个基本要素。这五个要素都是管理中非常熟悉的概念，也是人员管理中经常讨论的，本书的目的是提醒人们注意它们对幸福组织建设的独特贡献。

1.2.1　不要忽视组织的影响

在人们的传统观点中，人的幸福似乎与家庭、爱情、友情、房产等生活要素更为密切，组织对人们幸福感的影响却常常被忽略。但事实是，个体在经历了教育后，自然会加入一个社会组织。当然，也有人选择创业建立一个组织。之后，一个人生命的大部分时间都与组织相关。有时甚至当个体退休离开组织后，他的状态仍然会受到曾经工作过的组织的影响。

让我们来做一个时间计算。如果将一天的 24 小时按照 8 小时睡觉休息、8 小时工作、8 小时在家庭或是从事其他社会活动来简单分配，那么，一个人的幸福感当然是由这 3 个方面共同决定的。简单来说，一个幸福的人，他应该是休息得好，工作得好，家庭或其他社会活动也好的综合。这三者之间是独立但又相互影响的。例如，睡眠好意味着精力更加充沛，工作也更在状态；或者工作压力太大，休息不好，并继而影响家庭角色等。

撇开睡眠，我们进一步讨论一个职场人必然要扮演的两个角色：工作角色，家庭或社会角色（其实社会角色应该是更准确的，家庭角色可以被视为狭义的社会角色）。这两个角色的履行决定了一个人的整体幸福感。如果以幸福或不幸福来分别标记两个角色的状态，那么，就会有这样四种情况：如果她是一位幸福的母亲同时又是一位成功的职员，那么，整体幸福感自然是最大的；如果她是一位不幸的母亲同时又是一位不成功的职员，那么，整体幸福感自然是最小的；如果她是一位不幸的母亲同时是一位成功的职员，或者如果她是一位幸福的母亲同时不是一位成功的职员，那么，整体幸福感自然是有缺憾的。比较现实的情形是，相较于前两种情况，后两种情况似乎更加普遍一些。于是，这就必然引申出来一个职场中特别关键的问题：工作与家庭的关系。

理论上有关工作与家庭关系的观点还是凌乱的，各种各样的研究结论莫衷一是，在后面的章节中我们会对工作与家庭的关系做进一步的论述。这里，我们认为工作与家庭之间更应该是一种相得益彰的关系。尝试将工作与家庭隔离开来，无论从实践还是从理论上都没有成功过。“管理学之父”泰勒的科学管理试图将工作中的人打造成与机器设备一样的标准，遗憾的是，他的努力得到的不仅是组织成员的工作倦怠，更激发了他们对工作的敌意甚至仇恨。毫无疑问，实际的情况是工作与家庭之间是相互渗透、相互影响的。其中有两对较大的可能性：积极的工作状态带来积极的家庭表现，积极的家庭状态带来积极的工作表现；消极的工作状态带来消极的家庭表现，消极的家庭状态带来消极的工作表现。也就是说，在第一种关系中，一个人在组织内得到正向情绪，他会带着这种积极的情绪到家庭中；如果他的家庭给予他很多幸福，他也会将这种正能量带到工作环境中，这就是积极情绪的正向增强循环。第二种关系则是消极情绪的增强循环。

很显然，工作中的状态对员工的整体幸福感是有影响的。对于员工可能会出现的两种情绪，从保障组织绩效的角度考虑，企业要尽量避免落入消极情绪的循环中，而应该努力承担起积极情绪循环的起点。这就意味着企业不能忽视对员工幸福感的影响，而需要主动介入员工工作与家庭关系相互影响的链条中。这种介入不是对员工个人生活的干预，而是通过对员工工作角色的影响使他能将组织内的幸福感溢出到组织角色以外，这将帮助他积极地履行社会角色，然后带着正能量回到组织的工作中。

将员工的幸福置于战略地位并主动开启员工整体幸福感的正向循环就是打造幸福组织。惠普公司的创造者休利特在一次内部演说中这样描述惠普公司：“工程师是有创造力的人，所以，我们在雇用一位工程师之前，先确保他在稳定而安全的气氛下工作。我们也要保证每一位工程师在公司里有长期发展的机会，有适当的项目可做。还有一件事，就是我们要确保公司有适当的监督，使我们的工程师过得快乐，发挥最大的生产力……”在一家将关心员工作为核心理念的公司中，员工的幸福感不言而喻，工作效率也大大提升。领导者其实不用担心，这样做企业并不吃亏。企业参与市场竞争取胜的关键因素是人的状态，员工幸福感的提升能够增强员工对企业的认同感，有利于提高员工对企业的满意度和忠诚度，从而促进企业长远的可持续发展。从这个角度，我们甚至可以说员工幸福感影响并决定了企业竞争力。

当企业将工作和家庭两个角色整合在一起看待员工时，就能够得到有关员工的一个全景图。本书将要讨论的不是一般意义的幸福感，而是个体作为员工感受到的来自组织的幸福感，它是员工整体幸福感的一部分。有意识地将企业打造成幸福组织或许不能对绩效起到立竿见影的效果，但却为企业长期发展奠定了更扎实的基础。

1.2.2　可以经营的幸福

既然提及通过幸福组织建设来提升人们的整体幸福感，那么，人们的幸福感可以测量吗？中央电视台曾做过一个很有意思的采访，就是记者在街头随机地询问路人“你幸福吗？”鞋子穿在脚上是否舒服只有自己知道，一个人是否幸福通常也只有他自己知道，虽然从外部的标准和观察如名誉、财富、家庭子女等，也可以做一些推断，但幸福与否终究是一个主观的自我感觉。

近些年的心理学研究已经为幸福感测量提供了多种多样的方法。有些方法是纯粹主观的测量，如自我报告法。这方面的测量量表也很多，比较有影响力的有情感平衡量表（ABS)、积极与消极情感量表

(PANAS)、工作情绪量表（JES)、工作情感量表（JAS）和工作相关情感幸福量表（JAWS）等；也有一些较为客观的测量方法，如知情者/观察者报告法、生理测量法和任务测量法等。尽管这样的测量不可能像自然科学那样精确，但还是会在一定程度上刻画人们的幸福状态。读者朋友们如果有兴趣，可以进行一些这方面的扩展阅读。虽然心理学给出了很多方法，但是就目前阶段，如果试图将人们幸福感受的测量精准到心跳、血压等是不可能的。即使未来科技发展，恐怕这仍然是一个极具挑战的领域。不过，尽管我们不能精密地把控幸福感，但这并不妨碍我们去理解它、影响它和增强它。

美国著名心理学家、积极心理学的奠基人塞利格曼教授给出了被广泛接受的幸福公式：

总幸福指数＝先天的遗传素质＋后天的环境＋你能主动控制的心理力量

这就是说，一个人想要获得幸福，就必须认真思考这三个要素：第一个影响个体幸福感的因素是他的设定点（settle point)。所谓设定点，就像泪点、笑点一样，是和一个人的先天条件有关，是与生俱来的。每个人的幸福点不太一样，同样的事发生了，有的人会感到幸福，有的人却可能感觉不到，这种情况和个体差异有关系。积极心理学认为一个人先天的设定点可以通过读书和思考这种内心的修炼加以改变，从而让自己成为一个更加容易幸福的人。第二个影响个体幸福感的因素是环境，包括生活环境和工作环境，良好的环境更能激发人们对幸福的感受。第三个影响个体幸福感的因素就是发生一件事之后人们的主观解读，有些人会积极思考和面对，有些人则会选择消极和放弃。同样一件事，积极解读者会把它当成机会，而消极解读者就视它为威胁。那些积极解读者更容易获得幸福感。

近些年来，围绕幸福组织这样一个主题，学术界已经进行了大量研究，也总结出各种各样的研究成果。例如，有学者则提出组织与员工互动视角下工作幸福持续增强的双螺旋系统，将组织的幸福管理分为组织的被动应对策略包括压力管理计划、员工帮助计划、健康行动计划、改进领导风格、增强组织公平以及组织主动嵌入策略：工作设计、工作情境法、心理资本增值服务、员工发展计划等；有学者建议从心理角度，通过 EAP（员工帮助计划）解决部分员工的心理困扰，预防心理困扰的风险，提升全体员工的心理资本等；有学者提出要建立高幸福组织需要积极领导力、良好的团队协作、认可与支持、控制工作负荷、丰富化与成长、参与和自主化、工作家庭平衡以及公平尊重的企业文化等。

有关这方面的观点还有很多。根据塞利格曼的基本公式，并结合已有的相关研究成果，本书将影响员工幸福感的主要因素概括为以下 5 个方面：①**队伍建设**；②**工作设计**；③**领导力**；④**薪酬福利**；⑤**企业文化**。

1. 队伍建设

建设幸福组织的第一个关键要素是要重新厘定人力资源管理中招聘和挑选背后的逻辑。通常的逻辑是，按照任职资格招聘进来的员工，组织只要给予必要的和足够的训练与要求，他就能成为组织所期望的员工。这一点或许在专业技能方面是可以的，但若是应用到幸福组织建设方面，就需要斟酌了。在这个幸福公式中，塞利格曼明确指出一个人的幸福状态首先取决于个体的先天遗传素质，这就仿佛每个个体来到这个世界都有个“出厂设置”，它对人的影响是后天不可控的。所以幸福组织在队伍建设方面要做的事情是，招聘那些原本就幸福的人！因为幸福的人在一起就更有可能幸福。

与队伍建设密切相关的就是人岗匹配。如果匹配不合适，不仅工作做不好，员工也没有幸福感。人们经常说合适的人做合适的事，但要实现这样一个目标，企业需要充分了解工作的状态以及企业能够提供的职场空间，这样在招聘时才能够与工作申请人做到更加精准的对接。“入错行”听上去是个人的职业问题，其实一个入错行的员工对企业也不是一件好事。

需要强调的是，人岗匹配不是毕其功于一役的事，因为企业内外环境的变化，工作和人员状态都会发生改变，做好工作与人的动态匹配是非常重要的。职业生涯规划的目的就是使工作承担人和工作之间始终处于良性状态。还有比做一份喜欢的和擅长的工作更让人感到幸福的吗？

2. 工作设计

塞利格曼建议，如果先天因素不能改变，那么有意识地让生活富有一些。拥有美满婚姻；丰富社交生活，多与朋友在一起；具有信仰等环境要素是可以提升后天幸福感的。也就是说，幸福还是可以经由后天的努力来获得的。回到管理领域，虽然企业无法掌控个体的设定点，但是环境要素却是组织可以有所作为的影响力量。这里的环境，首先是指客观的工作环境和工作条件，这属于纯粹物质层面的因素。不要小看物理环境，它不仅可以塑造员工的行为，而且影响着员工每天的幸福感。

让工作环境健康舒适，尽量远离不良环境对身心的伤害。建立一个尽可能安全、健康、舒适、轻松的工作环境，为员工创造良好的工作氛围。让工作欢乐有趣，即创造有趣味的工作环境。越来越多的人在工作中追求更多的新奇体验，这就需要管理者从工作环境方面动脑筋。营造有趣的环境，也是消除员工工作懈怠、激发员工创新创造力的有效措施。

工作的类型、内容、时间、工作方式等外在形式由工作本身决定，不太容易调整，但是工作本身是否具有意义、工作过程中是否拥有自主权、工作结果是否得到中肯的反馈回报等却可以通过认真的设计，对工作承担人的幸福感产生影响。工作设计可以让工作成为员工喜欢的事。

3. 领导力

毫无疑问，员工的状态会受到直接领导的极大影响。在职业生涯规划领域里有一句俗语是：一个人因为薪酬加入一个组织，一个人因为直接领导离开这个组织。所以，本书所讨论的领导不仅是企业的最高领导者，还包括企业各级领导者，他们日常的表现对员工幸福感有着最直接的影响。

面对新生代员工，领导者的权力已经发生改变，传统的领导方式注定缺乏影响力。领导学理论中的经典——领导方格理论很清晰地告诉我们领导者有两项基本任务：关心工作和关心人。完成任务固然是领导的基本职责，但这不意味着领导眼里只有工作。切实关心员工才能打造出战斗集体型领导。在此基础上，领导者要试着重新梳理与下属的关系，加强与员工的情感交流，真正做到以人为本。要知道，今天的组织领导效能往往不是以领导力而是以追随力为基础的。

领导者还通过他所营造的组织或团队人际关系对员工幸福感产生重大影响。在组织内建立彼此的信任，鼓励相互的欣赏，积极面对不可避免的冲突，积极的人际关系是一个组织拥有的宝贵资产，它对于员工的吸引力是至关重要的。

4. 薪酬福利

带给员工更深刻触动和幸福感的是企业能够给员工的内在报酬。一个人如果能深刻感受到工作的神圣性、使命感，那么他的工作潜力将是无穷的，他在工作中也能体会到更强烈的幸福感。作为最直接的激励手段，薪酬福利对于员工幸福感的影响毋庸置疑。从企业角度，薪酬福利是需要支出的成本，企业必须认真思考怎样通过薪酬设计才能制造出最大的幸福感。

需要了解的是，员工从组织所获得的经济回报不单单是工资、奖金，还包括更宽泛的内容。事实上，薪酬福利是一个庞杂的体系。在薪酬各要素中，工资是最基本的。工资体系的设计必须尽可能地考虑公平。今天，员工持股正在扮演越来越重要的角色。员工持股的目的是唤醒员工的主人翁意识，能够创造企业的利益共同体，有利于员工关注企业长期发展，进一步留住人才、吸引人才。从某种角度讲，能否建立员工对组织的心理所有权（psychological ownership）是判断员工持股效果的重要标准。福利也不应该仅是一种点缀，在整个体系中，精心设计的福利由于可以为员工提供选择性，因而更能增加员工的幸福感。

5. 企业文化

一个组织内的人群经过一段时间的思想和行为碰撞，逐渐就形成了一个组织特有的文化。相较于工作场所的物理环境，企业文化营造出工作场所的心理环境，对组织氛围会产生重要影响。幸福的企业文化能够更多地催生积极的组织公民行为，并同时抑制消极的反生产行为。领导者必须重视企业文化的建设和发展，不断为企业文化注入新鲜的、积极的血液。

通过强有力的组织支持、促进员工工作与家庭和谐、实施有效的员工帮助计划，并切实将企业工会在员工关系建设中的作用发挥出来，企业可以为无形的文化提供有形的保障，从而让整个组织都洋溢着幸福的氛围。

这五个要素就是我们在梳理之前的研究基础上进行的归纳，或许这不是全部，但基本上涵盖了幸福组织建设的主要部分。需要特别说明的是，这五个要素没有一个是新的概念。虽然我们没有使用新鲜的名词，但我们相信，就好像矿石，不同的目的可以提炼出不同的元素出来，普通的食材，也能烹调出美味来。本书希望读者能够用这五个要素所提供的线索，努力经营幸福，将组织打造成充满幸福感的和谐集体。后面的各章节就是按照这个模型来展开详细论述。

1.3　本书的写作历程和阅读建议

有关幸福组织的构思是在笔者多年教学和管理实践调研中逐渐形成的。最初在讲授《人力资源管理》课程时，更多的是强调“以人为本”。现在想来，那些优化员工关系的做法大都停留在战术手段这个层面上。随着近些年积极心理学的发展，笔者逐渐明确管理人的各种方式方法其目的都在于实现人的幸福感。今天，人们追求的是一种综合的幸福感，它不是由一个方面简单决定的，甚至一个方面的幸福根本无法替代或者补偿另一个方面的不幸福。在职场中，人们也不单纯的是获得工资，占据了他们许多时间的工作场所被寄予了很多期望。

在给 MBA（工商管理硕士）和 EMBA（高级管理人员工商管理硕士）上课的交流过程中，大家都流露出对幸福组织的向往。于是，5 年前，我们在南开大学商学院组织了一个“幸福组织讨论沙龙”。这个沙龙的成员来自各行各业，他们的共同点都是职场人，他们都有着积极的心态，希望能够拥有更加美好的生活。初期，沙龙基本上每两周进行一次自由讨论，后来就改成不定期的了。刚开始的讨论是“低效”而轻松的。在此基础上，并结合大量相关文献的阅读，我们逐渐将文献中学者们提出的形形色色的观点归纳成管理实践中可资借鉴的模型。

我们的模型是朴素的，因为模型的各个构成要素都是大家在工作中非常熟悉的专有名词。通过同学们讲述发生在公司实实在在的故事，我们也加深了对这些朴素概念的认识，也可以说从幸福组织的角度发现了它们新的意义。

讨论会曾经纠结于一个问题：如何面对不幸福的事情。这自然也是客观事实，组织不仅没有带给你幸福感，反而有些事情可能还会伤害到你。这其实涉及看待问题的角度。事物总是有两面性，我们更愿意看到并彰显积极的一面。换句话说，组织如果能更积极地对待和关注幸福的力量，那些不愉快的影响就会降低。这本来也是积极心理学产生和流行的原因。事实上，幸福的故事可以让我们知道它是员工幸福的激励因素，而不幸福的故事可以让我们知道它是员工幸福的保健因素。正如赫茨伯格在其双因素理论中所称，有激励因素人们会开心，没有激励因素人们并不会感到不开心；有保健因素人们不会开心，但是没有保健因素人们会感到不开心。

其实，如果你在书店或是在网络上开始阅读这本书，就说明你已经开始关注组织内的幸福问题了。可以恭喜你，这是一个好事情。或许这本书里的观点不能完全打动你，但也请你沿着这本书所提出的问题继续思考和实践下去。

这不是一本严格意义上探讨理论的专业书，它更像是在和大家交流些更为具体的经验。书中所描述的一些例子都是真实发生的，我们尽量以讲述者本人的描述来呈现。虽然真实发生在某处的故事不一定会发生在你的身上，有些例子也不一定就非常普遍，但我们希望你在读到时有些感同身受并能有些思考就好。

这不是一本厚的书，也不是一本艰涩的书，所以，可以很轻易地读完。但请读者朋友不要在读完之后就简单地把书丢在一边。管理思想并没有那么深奥，只是管理者常常会忘记那些他本来熟悉的原则，我们希望本书能够起到提醒的作用。

今天，当步入充满变化和不确定性的移动互联网时代，当面对新的商业规则和营商环境，当无法准确定位和战略规划时，不妨回到使命初心和管理本质，强化内部能力，筑牢未来发展的根基。理性科学地提升内部员工的幸福感，将企业打造成幸福组织，才是真正的深谋远虑。

第 2 章
幸福组织是招聘出来的

一个组织的绩效和幸福状态很大程度上取决于最开始的招聘工作。“队伍是招聘的”，这句话常常是一个拥有多年实践经验的领导者在经历许多成败得失之后的感叹，而对于那些刚刚离开商学院从事管理的年轻人，脑海里还弥漫着学院派的理性，认为组织是可以轻松改变一个人并通过训练使他成为组织的一分子。这样的逻辑没有问题，但是现实不断说明改变一个人是不容易的，甚至是一项不可能的任务。不过，在很多管理者看来，招聘毕竟是非常微观的、琐细的、战术性的活动。这其实是很多管理者的思想误区。只要想想一项错误的招聘带来的成本可不是简单地用财务上的招聘费用来衡量的，就不会再把招聘当成一个无足轻重的事情。

塞利格曼幸福公式中的第一项是设定点。从个体层面上看，一个人的幸福状态与其先天因素是密切相关的。

同样道理，建立幸福组织就需要从一开始充分了解工作申请人，严格控制好进入企业的人员。常识告诉我们，一个原本就幸福的人更容易感受到幸福，也更容易给他人带去幸福。尽管幸福的人与幸福组织之间不存在必然的因果关系，但是可以肯定的是：幸福的人们在一起未必就能组成更加幸福的团队，不幸福的人们在一起就更不可能组成幸福的团队。换句话说，幸福的种子更有可能结出幸福的果实。

当然，幸福的种子还需要遇到合适的土壤，这就是人员与工作的匹配，我们把它定义为广义的招聘行为。“入错行”是很多人不幸福的主要原因，而从企业角度看，一个“入错行”的个体也会给它带来“不幸”。所以，充分了解组织内工作的状态才能更好地保障合适的匹配。随着工作和员工的变化，原本匹配的关系可能也会出现问题，持续的幸福要求企业通过认真的职业规划，动态地实现人员的匹配，真正实现组织与个体的长久幸福。

2.1　把好入门关

建设幸福组织最直接也最有效率的办法，就是通过严格挑选那些本来就有幸福感的员工来增加整个员工队伍的幸福指数。这就要求组织必须通过更加严格的甄选环节来选拔那些本来就阳光向上的、幸福的工作申请人。把招聘工作做好，组织必须重视，而且更重要的是领导和用人单位要直接参与，在甄选过程中要特别注意对工作申请人性格的测查，如果有可能，还应该强化对工作申请人的背景调查。

2.1.1 组织重视

在人员建设方面，有一种十分现实的观点似乎很是得到企业的认可：相马不如赛马。海尔集团认为选拔人才不能仅靠印象、感觉去“相马”，而是要像“赛马”一样，让员工在实际工作中通过竞争来展现才华，最终脱颖而出的才是人才。尽管这个观点与通俗的“是骡子是马拉出来遛遛”没什么太大区别，但还是对中国企业领导者在人员队伍建设方面的思想影响很大。

无论是“相马”还是“赛马”，目的都是建设一支优秀的员工队伍。不同的是，“相马”把重点放在预先控制方面，而“赛马”强调的是过程和反馈控制。一个不太合适的类比可以让我们重新思考这两种侧重：为什么企业对原材物料都要进行极其严格的精心挑选，而对最重要的生产要素——人力资源——却采取反馈控制呢？我们也都知道，反馈控制是在问题出现以后才采取的方法，这种方法的主要特点是组织必须有能力承担过程风险以及结果损失。因此在实际操作中，除非不知道具体的做法，否则我们一定会采取预先控制。实际上，有关“相马”的技术和方法日趋成熟，这就为更准确地预判提供了可能。

另外，“赛马”政策必定会带来人员的高流动率。尽管人们可以说流水不腐、户枢不蠹，并说这是队伍建设的必需，但资源的流失、传统无法延续、机会成本这些更加现实的困难不是那些理念能够弥补的，队伍的高流动性一定会影响队伍的持续战斗力。相反，通过严把入门关，工作申请人会更加珍惜工作机会，企业也能够拥有更稳定、更高效的员工队伍。

众所周知，自隋以后中国古代行政体系选人的方法是科举制，这是一套复杂的、层层选拔的考试体系。在武则天时期，科举选拔过程还专门设置了“殿试”。通过亲力亲为的预先控制，武则天对人才的重视使人才能够不断脱颖而出。类似地，企业领导者重视组织内部员工队伍建设，不能等到他们已经成为组织的一员，而应该在他们还没有成为组织成员的时候就进行预先控制。这样一来，企业领导者就不会把员工招聘看成一件由人力资源部来做的例行的、简单的工作，这件最开始的事情也应该是最重要的事情。企业领导者应该积极参与整个招聘过程，说起来，还有比选人更重要的事吗？

但是现实是，一说到人力资源管理工作中的招聘，许多领导者都认为那是一件很琐碎的事情，也是人力资源部门的工作，所以，领导者们常常只是提出用人需要，剩下的事就丢给人力资源部门了。不到万不得已，他们也很少出现在招聘现场。其实，组织中的团队建设有问题，最主要的原因就是用人部门与招聘者是分离的。企业招聘的一般流程是，首先各个部门将人员需求情况报告给人力资源部门，然后由人力资源部门组织招聘甄选活动。虽然用人单位也会被邀请参与招聘活动，但参与的深度是远远不够的，而且用人部门通常在人员的最终录用上拥有有限的权力。于是，人力资源部门招聘的人员就会被内部分配到各个用人部门。这中间存在着很大的匹配风险。如果人力资源部门对业务部门的了解仅限于有关职位的基本客观信息，它们不了解更加具体的，如用人部门的团队氛围信息，这就使新进人员无法与用人部门匹配。

进一步来看，用人部门在人员选聘方面的意见和判断，更多的是以其工作适应性和团队适应性为基础。人力资源部门则是以组织适应性为基础的。工作适应性和团队适应性是组织适应的基础。那些在甄选过程中表现出组织适应的人如果不能把实际的工作做好或融入其团队组织中，那种适应显然是虚假的和不能长久的。所以，为了使人员甄选能够尽快地产生效果，最有效的方式就是用人部门的直接参与。另外，由于用人部门在人员测评时已经有了成功或失败的参照，它们更容易把握应聘者的状态。更为重要的是，领导者直接参与招聘工作会极大地促进领导者对团队成员的权威。当团队成员意识到自己能够加入是因为得到了作为招聘者的领导者的认可，他就会心存感激，也就会更容易接受领导，这种心理可以解释为一种广义的“知遇之恩”。

可以这样说，组织重视招聘工作，严把新员工入门关，幸福组织才能够在汰旧换新的变化中不断补充强化。

2.1.2 性格匹配

性格是一种与社会互动时的、稳定的人格特征，是人们对现实和周围世界的态度，并体现在对自己、对别人、对事物的态度和所采取的言行上。心理学告诉我们，一个人的性格形成取决于其早期的经历和所受的教育，所谓“三岁看大，七岁看老”。对一个人早期经历影响最大的是家庭，有学者甚至认为家庭是“制造人类性格的工厂”。早期所受到的教育状况对性格的形成也有很大的影响。不管怎样，从时间维度上来看，一个人在进入企业工作前，其性格已经基本形成。另外，性格一旦形成，具有相当的稳定性，“江山易改，本性难移”，那些期望用组织价值观去影响员工性格的做法显然是不切实际的，尽管也会有一些成功的例子，但要付出相当的努力。

幸福组织建设中所关注的性格匹配包括两个方面：一是选择性格中具有更多幸福倾向的工作申请人；二是要充分了解工作对工作承担人性格的要求，这种要求是工作本身带来的。人们常说合适的人做合适的事，也可以说合适的事要求合适的人。

幸福的人通常具有什么性格呢？这自然是一个存在不同观点的问题。笔者在微信朋友圈做了一个快速的调研，大家给出的答案五花八门，但有一些是相对集中的。例如，包容、真诚、好奇心、平和、乐观、感恩等。塞利格曼对全球主要的宗教和价值体系进行了系统研究，发现有 6 种美德，即睿智、英勇、仁慈、公正、自制和超脱为所有主要价值体系所推崇，这 6 种美德又被细化为 24 种品格优势，包括好奇、学习、热忱、真诚、公正、谦虚、欣赏、宽恕、信仰、幽默等。类似的总结还有很多，简而言之，幸福的人应该是积极向上、充满活力、热爱生活的人。

那么，如何了解工作申请人的性格呢？企业可以在招聘申请表格中设置一些问题来初步了解工作申请人的兴趣，如请他谈谈对他影响最大的人和事以及为什么等。企业也可以在面试时注意观察工作申请人的言谈举止、行为表现等。企业还可以强化性格测试，通过较为成熟的问卷了解申请人的性格取向。幸运的是，目前在人员性格测评方面的技术已经非常发达。在此基础上，如果能更进一步了解工作申请人成长经历以及成长过程中的重大事件并加以分析，会非常有助于了解工作申请人的心理状态。尽管这些方法都很难尽善尽美，但综合起来，它们的确可以给出一些有关工作申请人性格方面的提示。

这只是从一般意义上讨论的个体性格。回到工作层面的性格匹配上，从职业的角度看，美国职业指导专家霍兰德给出了性格的 6 个维度。

现实型：思想比较传统、保守。动手能力强，做事手脚灵活。不善言辞，当成为别人瞩目中心时会感到不自在，不善于表达自己的情感。喜欢独立做事。

探索型：处理事情按部就班、精确且有条理，对自己的智力很有信心。喜欢富有创造性的工作，考虑问题理性，喜欢逻辑分析和推理。肯动脑，喜欢探讨未知领域。

艺术型：喜欢表现自我，渴望表现自己的个性，希望得到众人的关注和赞赏。做事追求完美，不重实际，处事比较冲动。在衣着、言行举止上倾向于无拘无束、不循传统。

社会型：和别人相处融洽并能自然地表达情感，待人处事圆滑，喜欢结交新朋友，关心社会问题，愿意与人们讨论社会问题，热衷于建立广泛的人际关系，比较看重社会责任。

管理型：善于辞令，总是力求使别人接受自己的观点，具有劝说、调配他人的才能。喜欢竞争，有野心，追求权力、权威和物质财富。做事头脑清楚，思维敏捷，有较强的目的性。

常规型：喜欢有计划地做事，不喜欢打破惯例，习惯于接受他人的指挥，对领导职务没有什么兴趣。在熟识的人群中才会自在。通常比较谨慎和保守，不喜欢冒险和竞争，比较关注细节。细心，有条理。

霍兰德认为，每个人都是这 6 种类型的不同组合，只是占主导地位的类型不同。而每一种职业的工作环境也是由 6 种不同的工作条件组成，其中有一种占主导地位。一个人的职业是否成功、是否稳定、是否幸福，在很大程度上取决于其个性类型和工作条件之间的适应情况。当然，霍兰德模型所提供的建议未必是精确的，但所传递出的逻辑是值得借鉴的。

的确是这样，不同行业对工作申请人有不同的要求。例如，互联网公司需要员工更多的创新、激情，传统制造业公司要求员工更加严谨、专注。即使是在同一家公司内部，不同工作也有不同要求，如优秀的市场营销人员应该是外向、善于与人沟通，而财务人员则应该是专业、按章办事。实践表明，当员工个体性格与工作要求相匹配时，他就会有较高的业绩表现；而当员工个体性格与工作要求出现差异时，他的工作业绩不仅不能保障，工作甚至会成为他的负担。另外，领导者也必须知道，在寻找工作的过程中，为了满足工作或招聘人员的要求，甚至在试用期期间，人们也都会尽量去伪装以便自己能够获得工作机会。如果无法继续伪装，领导者可以通过工作调整来寻找新的匹配。

有一位人力资源总监讲到公司发生的一个故事：有个综合素质非常好的女孩，性格特别较真，哪怕一个字有问题，她也会跟你计较半天。开始的时候，公司安排她做业务工作，由于她的性格，和客户沟通不是那么灵活，很快把客户都得罪光了。后来她转到品牌部做服务工作，和同事的关系处理得不好，根本谈不上什么服务。最后公司把她安排到咨询部，负责管理公章、业务档案、信息化管理这些事情，因为公司信息化管理需要从头做起，需要人特别仔细。这下子真的给她找到一个合适的位置，从她开始接手之后，公司工作进展很顺利，没有出现过任何差错。

企业在甄选过程中首先要努力寻找性格中具有幸福底色的工作申请人，然后再考虑工作对工作承担人的具体要求。一个原本幸福的人做了一件自己喜欢并且擅长的工作，他的幸福感还用担心吗？

2.1.3　背景调查

为了使得匹配更有效率，在条件允许的情况下，企业还可以在甄选环节中增加背景调查。背景调查就是对工作申请人的过去进行考察，这样能够发掘出一些在常规面试中难以发现的信息。背景调查这种招聘方式的逻辑是：过去说明未来。如果你曾经成功过，在类似的情景下，未来你还可能成功；如果你曾经不诚信，在类似的情景下，未来你还可能不诚信。虽然过去和未来并不存在必然的因果关系，但是人们相信这其中一定存在着很大的相关性。另外，背景调查更强调事实，这也就增加了信息的可信度。

从所涵盖的内容看，背景调查可以分为狭义的和广义的两种。狭义的背景调查就是目前大多数企业所做的，主要是有关该申请人的工作背景、相似经验、个人诚信、教育背景（大学以后）等，而广义的背景调查就包括更多内容，尤其是申请人早年的一些经历，如父母情况、教育背景（甚至可以追溯到中小学）等。如果说狭义的背景调查主要是获取与工作相关的信息，那么广义的背景调查更是期望从他早年的成长经历中推断性格的状况。这并不是要刻意地去探寻个人隐私，在说明一个人的情况方面，一些无法改变的事实要远远比面试时的口头描述有价值。广义的背景调查对于了解一个人的状态是更有意义的。但是，由于广义的背景调查会涉及更大的范围，成本也会比较高，所以，可以应用于对企业中的高级人才和关键性职位人才的聘用，而对于一般性员工，狭义的背景调查也就可以了。

无论是狭义的背景调查还是广义的背景调查，都不可避免地会涉及被调查人的个人隐私等信息，所以，企业在进行背景调查时要特别注意以下几点。

（1）在背景调查前，企业应先以书面形式征得被调查人的同意，这可以通过求职申请表中设计好专门栏目来实现。一个不能接受背景调查的申请人在综合评价时可以暂缓考虑。

（2）因为背景调查的范围具有非常大的弹性，为了提高调查效率，企业对不同工作岗位和职级要限定需调查问题的范围。另外，调查中，要做好书面形式的记录。

（3）企业可以优先选取申请人的前上司或同事进行调查，由于这些人跟申请人有最多的工作接触，对申请人的品行、能力、工作态度有更深刻的了解。但也要注意人情的影响，通常人们更愿意给予积极的评价，所以，对申请人的前同事进行调查时，可以请对方介绍事例而不是简单地评判。

（4）背景调查获得的信息往往是多年前发生的事情，相关人员在回忆时难免会出现错误和失真。能够说明未来的过去应该是尽可能精准的，所以，背景调查时不妨通过多个来源对一些关键事件进行交叉印证。

在如今的员工招聘中，背景调查这种方式被大大忽略了，企业更想通过短平快的方式解决人员招聘。现在的问题是，通过面试和笔试就能够很好地把握一个人的状态吗？错误的招聘必然带来更大的人员重置成本。背景调查或许要麻烦一些，但的确能够提供更广阔的视角。如果将背景调查同其他甄别手段相结合，就会大大提高招聘的有效性。

这里，我们无意于提出什么新的观点。事实上，有关队伍建设方面，人力资源管理理论已经构建了成熟的体系。我们只是强调，人员的甄选是非常重要的，是值得领导者重视和投入一定时间的。当组织开始重视幸福人员甄选的过程时，幸福组织就已经在路上了。

2.2　请勿入错行

人们常说“男怕入错行”，意思是如果一个人进入一个他并不擅长或者不喜欢的行业，那么他的发展恐怕就会受到很大的限制，即使他本人很有能力，但是组织的状态极大地影响了他。这种情况在毕业十周年、二十周年的同学聚会上能够明显感受到。听上去，这句俗语的受害者是个体，但是换个角度，这个不适合的人对组织来说也不是什么好事情，他的工作表现和心态也是组织无法接受的。

为了能够获得适合的人员，企业在招聘工作之前必须要认真地进行工作分析，清晰地厘定工作的具体职责和它对工作承担人的客观要求，并且结合自己所处的行业以及企业的发展状况，明确企业所能提供的职业发展空间。只有先对自己有充分的认识，才能够知道什么样的人才是企业需要的，也才能够对工作申请人有更加精准的判断。这样的预先控制是非常重要的，只有合适的人而不是最优的人在合适的岗位上，人岗才能愉快地配合。

2.2.1 工作分析

加入一个组织得到一份工作，这是一个个体的基本人生状态。虽然随着社会的发展，这些年人们的工作形态发生了很多变化，如自由职业、在家办公等，但是对绝大多数人来说，在职场工作仍是更加普遍的状态。撇开种种企业内宏观层面的管理制度、经营方式等，工作本身对员工心理感受有着最直接、最具体的影响。我们先来看几个例子。

小吴讲述的不幸福的事情是工作分配不均以及由此产生的同事们的敌意反应。或许是因为她的能力以及对工作的投入状态，上级领导在分配任务的时候更倾向于把更多的工作分配给她。“我的工作量要比其他同事多很多，这其实也没什么，我可以多做一些，这也是领导对自己的信任，自己还能多学些东西，但问题是其他同事却没什么事做。”她觉得自己多干点的确也没什么，但是她的同事在自己清闲的同时看到她在加班，经常会说一些阴阳怪气的话，这让她受不了。因为作为来公司不久的员工，每年她的工资会比某些老员工增加得多，其他员工也会表现出不满意。小吴已经明显感受到来自群体的敌意，她认为这种结果的产生和上级领导的工作风格有很大的关系。如果领导可以在工作分配上考虑更加全面，而不是认为工作只要有人做就行，或者总是交给熟悉的人去做，也顾及他人的感受，她的人际关系可能会更加和谐一些。她甚至觉得，如果这种情况继续下去的话，“我宁可犯点错误，领导就不用麻烦我了”。

刘爽做财务工作，财务部门一共只有5个人，但是按照工作量来计，却需要7～8个人才可以，因此，加班就成了财务部的家常便饭。他主要负责费用和预算，也做过一个自己工作量的统计，光是“费用”一项，一个月差不多要做240～250份凭证、240～250份银行付款、220～230 份采购订单的录入和审批，再加上预算的工作量，工作强度可想而知。而且，很多报表和票据都是有时限的，如截止到哪天必须做出来的，或者两个工作日要做出来的这种要求，上级领导没有考虑一人多岗的特殊情况，所以刘爽的工作压力特别大。这种情况大家曾经也向上级领导反映过，看能不能再多招两个人来帮忙缓解这种强负荷的工作压力，但是领导也只是安慰说希望大家克服一下，坚持就是胜利。可是领着一个人的工资，干着两个人的事儿，刘爽常觉得“一点都不幸福，哪儿有幸福的事儿啊！不是不可以加班，而是不可以总加班啊”。

归根结底，小吴和刘爽遇到的问题都是因为工作分析不到位造成的。在了解工作分析之前，我们先来看看什么是工作。工作是构成组织的基本单元，它是部门、业务单元和组织结构划分的微观基础。通过工作这个中介，人们进入组织，并运用组织所提供的资源去达到组织的目标。工作作为构成组织的最基本的活动单元，是相当独立的责权统一体。那么，什么是工作分析呢？工作分析实质上是全面了解工作并提取有关工作全面信息的基础性管理活动。工作分析的核心目的在于为管理层提供有关工作的全面信息，解决每个工作单元与整个组织系统的内部关系，确认每个工作单元如何适应组织系统，以便履行各种人力资源管理职能。工作分析是现代管理的关键职能活动，进行工作分析就是要弄清以下几方面。

工作的输出特征：一个工作的输出（产品、服务等）是什么，它与组织内其他工作的输出有什么不同。

工作的输入特征：一个工作对工作执行人员的资格要求（知识、经验、技能等）是什么，使用何种设备、材料及其他非人力的资源。

工作的转换特征：一个工作是如何从输入转化为输出的，转化的程序、技术和方法是怎样的，人和机器设备之间的职能是如何分配的，以及在转化过程中人的活动、行为和联系有哪些。

工作的关联性特征：每个工作在组织中的位置是什么，工作的权力和责任是什么，工作对人的体力和精力有哪些具体要求，工作执行的时限是什么，以及适用于该工作的法律和规章制度有哪些等。

经过工作分析后，企业人力资源部门通常会给每一件工作起草一份工作说明书，举例如表 2-1 所示。千万不要小看这张表，它几乎是企业人员管理工作的基础。

表 2-1 工作说明书

职务名称：	市场部部长
文件编号：	
拟制：	
核准：	
生效日期：	

一、基本资料

1. 职务名称市场部部长	2. 直接上级职位 总经理	3. 所属部门 市场部
4. 辖员人数 20～25	5. 定员人数 1	

二、工作概要

1. 工作摘要

制订公司市场发展计划、管理销售渠道、协调售后服务，同时负有管理、指导和培训本部门职工责任

2. 具体说明

编号	工作任务的内容	权限	考核基准	工作规范号
1	督导制订公司市场发展计划	全权	公司销售增长率、市场占有率	
2	督导销售渠道管理	全权	供货运输的计划完成程度	

续表

3	协调售后服务	全权	客户的满意度	
4	为研发提供市场信息	全权	公司新产品开发的成功率	
5	对本部门员工进行指导、考核	全权	部门的整体绩效	

三、任职资格

1. 学历要求

所需最低学历	专业
大学本科	企业管理专业或化工专业或营销专业

2. 所需技能培训

培训科目	培训期限
市场营销技巧	1 年
法律及财会知识、对外贸易知识	
管理技巧	
相关产品知识	

3. 年龄与性别特征

适应年龄	大于 30 岁	适应性别	均可

4. 工作经验要求

1. 从事销售 3 年以上 2. 车间生产实习半年以上

四、职位关系

可直接晋升的职位	副总经理
可相互轮换的职位	销售部经理，人力资源管理部经理，文宣部经理
直接汇报的职位	总经理

在人力资源计划方面，有了对工作的充分认识，企业才能预测未来的人力资源需求和内部供给状况，制订人员补充计划、晋升计划、人员配置与调整计划、培训开发计划以及报酬计划等，以解决企业发展中的“人”与“工作”相互适应的关系。

在人员的挑选录用方面，工作说明书可以为企业提供工作承担人的任职资格。例如，许多招聘海报中有“……年工作经验，……学历”等。另外，根据工作说明书，企业还可以有针对性地设计心理测验与面试内容，解决进入组织中人员的质量控制问题。

在员工安置方面，对于工作申请人，工作说明书能提供关于工作是什么样的准确、客观的信息。研究表明，这种客观的“工作展示”可以减少申请人对工作的不现实的高估，从而避免员工由此而来的不满和离开。对新的员工而言，工作说明书可以帮助指导他们适应工作。

在员工培训开发方面，工作说明书可以帮助企业进行培训的必要性分析、确定培训方针、培训内容和培训方式的选择、受训人员的选择、培训效果评估以及个人职业发展指导等。

在员工绩效考核方面，工作说明书所描述的工作内容和工作职责，不仅成为员工的行动指南，而且为未来的员工考核奠定了基础。

在薪酬管理方面，工作说明书可以帮助企业确定薪资标准、薪资水平、工作分类与评价，制定奖励制度以及人工成本等的有效控制。工作分析的一个传统用途是在工作评价领域，用来决定相关的工作价值，并借此得出公平的支付系统。由于工作存在着不同的工作内容，所承担的责任也有着很大的差异，因此，一个清楚的工作分析，有助于组织员工对报酬的认可。

在员工激励方面，工作说明书的客观性和公正性，能对员工产生强烈的激励作用。例如，工作分析所提供的任职资格信息，既可以有效避免用人方面的不正之风、克服晋升中的盲目性、为处理人事纠纷提供客观依据，更重要的是能够给员工提供一个努力的方向。例如，当员工了解到要获得职位的晋升，不单单是工龄的积累，还要不断提升自己的业务水平和技能水平，这样就会对员工产生较强的激励作用，员工就会自愿加强学习等。

通过上述分析不难看出，工作说明书是一个企业的最根本的文件，它清楚地规定了工作承担人的基本职责，也明确提出了对工作承担人素质的要求，而且描绘出工作与工作之间的关系。它就仿佛是一张地图，给员工在组织的行为指明了方向。想想看，一个人到了陌生的城市，如果手中有一份最新的详尽的地图，是不是就有了方向感、安全感？是不是对这个城市也有了亲切感？内心自然也就有了幸福感的基础。

但是非常可惜的是，真正严肃地进行工作分析的企业并不在多数。于是，由于职责不清，员工在工作中互相扯皮、互相推诿也就屡见不鲜，工作混乱使得员工即使想负责，也不知道该不该负责以及该负什么责。这样一来，不仅各项工作无法有效开展，对于企业内部员工的心态也将产生消极的影响。

人们常常感慨说，幸福其实很简单，就是粗茶淡饭平常生活。那么，在企业中，简单的幸福就是每个人都能够各司其职、各负其责，让企业平稳地运行。这一切就依赖于由工作分析所打下的坚实基础。或许可以这样说，详细的工作分析并不能带来美妙的幸福感，但是，没有工作分析却一定会带来不幸福感。

2.2.2　职场空间

在招聘时，有些公司会这样回应工作申请人的询问：企业不单给你钱，更重要的是提供未来发展空间。发展空间是新生代员工选择企业时越来越重要的判断依据，也是企业尤其是那些当下无法提供优厚待遇的企业的招聘承诺。那么，究竟什么是发展空间？所谓发展空间，就是一个企业在内部所能提供的职场空间。职场空间的状态受到企业所处行业以及企业自身发展的巨大影响。例如，同样是人力资源经理，处在互联网行业和传统制造业，两个人的未来成长会有很大区别；同样是市场经理，处在高速成长的企业和平稳发展的企业，两个人也会有非常不同的职业发展机会。有效的职业生涯发展不能脱离组织而只讨论个体的成长，因为一个人的成长效率与其存在的组织的特征是高度关联的。很明显的，只有当一个人的职业取向与组织提供的成长空间相匹配时，这个人才可以获得最大限度的职业发展。

我们不妨把那个再熟悉不过的组织结构图看成组织内职场空间的一种生动化，组织内职业发展就发生在组织结构所勾勒的框图中。当一个框图不能满足员工的职业成长时，他们就会选择另外一个框图而进入一个新的发展空间（就是所谓的跳槽）。这里，撇开那些框图间的关系不谈，我们只从一个组织的框架中分析职场空间。其实，组织结构图描绘的职场空间是三维的，它们是横向空间、纵向空间和零度空间。

（1）横向空间：在组织结构图中，那些处在同一个层面的工作构成了职业的横向空间。这些工作可能是由不同部门提供的完全不同的工作，如营销、技术、财务等，也可能是一个工作流程中的若干环节，如生产部门的各个相关的车间。横向空间为人们提供了接触新鲜工作内容的机会，通过工作，员工可以丰富多方面的工作技能。

信息技术的发展使得现在的组织表现出越来越扁平化的趋势，组织为员工提供的横向空间也在不断扩大。扁平化组织会给予组织成员更多的组织内机会，他们工作的接触面也会比较宽。有意或无意间，人们都在承担着更多的工作内容。虽然这些内容多半是熟练后的简单重复，但员工毕竟接触到更多的技术，这为其未来的职业成长奠定了基础。

从领导者角度看，由于扁平化组织中的领导者控制跨度较大，组织成员无法得到来自其直接上级的系统指导，个体的成长多是自发的和试验性的。因此，在横向空间，个体的职业成长效率很大程度上取决于个体的自我约束和努力。

（2）纵向空间：在组织结构图中，工作向组织上方的发展空间构成了职业的纵向空间。如果说横向空间提供的是一种任务的分配，那么纵向空间提供的就是一种权力分配。虽然纵向空间可以包括一个职位以上的所有空间，但比较切实的是，纵向空间通常体现在组织内的一个系统中。例如，财务系统提供了供财务人员职业成长的各种财务岗位，只是其权力是不一样的。

能够提供广阔纵向空间的组织通常就是所谓的高耸型组织。高耸型组织的管理大都是精细的，经过这种组织锤炼过的成员会有着明显的组织印记。身在其中，组织成员能够系统地吸收来自组织多年积累的营养。这种营养尽管丰富，但仍然会有失偏颇。

需要特别说明的是，提供广阔纵向空间的高耸型组织通常会推行缓慢的晋升政策，这对期望快速发展者来讲显然是不可能的。相较创新型组织，高耸型组织从根本上更要求其成员能够按部就班地工作。

（3）零度空间：职业的横向发展和纵向发展都可以通过组织结构图表达出来，而这里所描述的职业的零度空间却没有办法通过线条来进行勾勒，因为有些工作能够提供的只能是“资深”。它不会提供职务，却能够提供职业技能的深入发展。当然，如果随着技能的发展而被赋予了更多的管理工作，那是另外的情形。但通常来讲，在原点的技能成长会使员工成为一个领域的专家。许多专业型组织，如律师事务所、会计师事务所等，提供了职业的零度空间。

在这类专业组织中，成员可以积累到丰富的知识。如果说这类知识具有普适性，那么他就可以成为这个社会的专业人士，在未来甚至可以据此自行创业。而如果说这类知识具有高度的专业性，很快地，他就成为这个组织的不可或缺的关键人才。

综上，一个人如果期望能够获得不断增加的职业权力，那么他显然不适合只能提供更多可能的扁平化的组织机构；一个偏好创新的人，他也不可能忍受那缓慢的晋升和官僚的系统；而对于一个期望成为专业人士的职场人来讲，对他最大的吸引莫过于来自工作知识的丰富和积累。不同的企业所提供的职场空间是不一样的。所以，一个期望提升职场发展效率的个体，必须要首先了解这个组织的职业特征是以横向、纵向还是以零度为主，然后再结合个人的特点来进行选择。从组织角度，认识到组织内职业发展的状态，在招聘时也就更清晰地知道需要寻找什么动机的员工。

2.3 幸福一辈子

招聘工作结束后，下一个环节就是新进员工与工作的匹配。企业对新进人员是陌生的，为了使他们尽快地融入组织中，企业需要通过精心设计的定向培训（orientation training），将组织的文化、规则等传递给他们。定向培训是一种导入式学习，它可以让新员工尽快熟悉企业和工作，以最短时间进入工作状态，这样不仅对企业非常重要，而且能够在一定程度增加员工的归属感和幸福感。接下来，工作和员工都会发生变化，工作的职责、关系、能力要求会随环境变化，而员工的生理和心理也会随着年龄的增长发生变化，这时，动态匹配就尤为重要，力不从心或者大材小用等都是因为匹配不到位造成的。为了使匹配持续有效，越来越多的企业开始认真考虑并实践职业生涯规划，让幸福能够更加持久。

2.3.1　定向培训

定向培训是帮助员工熟悉组织内部“是如何做事的”培训行为，其根本目的就是让员工跟上组织的节奏。与其他员工培训相比，定向培训具有明显的组织导向，更强调员工对组织的归属感和认同感的建设。说起来，新员工入职培训（new employee orientation training）是定向培训的一种方式，也可以说是员工的第一次定向培训。在一些情况下，如组织变革、购并重组等，企业对老员工也会进行定向培训。

企业为了使新进员工能尽快地进入角色，并融合到企业的整体文化中，一般都要对新进员工进行定向培训。培训的方式、方法则要根据企业的不同性质以及员工的具体情况来进行选择。以新进员工的导入式培训为例，两阶段培训法通常是许多企业采用的。

第一阶段主要是由部门主管对新进员工进行指导，指导的内容包括以下方面。

(1) 部门介绍：新进员工应清晰地了解本部门的任务和目标，主管还应把部门的工作流程介绍给新进员工。为了便于开展工作，新进员工还要了解本部门与其他部门的关系。另外，十分重要的是要正式、明确地把新进员工介绍给同事，这样做，可以加速他们彼此之间的相互了解，为沟通做好准备。

(2) 工作介绍：有关工作场所、工作责任、工作中使用的仪器和设备等，必须由主管详细地介绍给新进员工。由于新进员工对工作还需要有一段时间来适应，在这个过程中，经常会出现一些工作失误或操作不合理的情况，因此，主管要仔细地把去哪儿以及找谁寻求工作帮助介绍给新进员工。这一点是企业经常忽视的。新进员工在出现问题时，往往不知所措，心理上也承受了很大的压力。

(3) 人力资源介绍：新进员工最关心的还是企业内同员工自身密切相关的各项政策，尤其是绩效考核计划和内容、员工晋升标准、工资增长计划和标准等。一个非常清晰的企业政策会对员工产生强烈的激励效果。

第二阶段是由专门的培训人员对进入企业中的所有新进员工进行培训，包括以下方面。

(1) 企业介绍：为了促使新进员工产生强烈的认同感和荣誉感，培训人员要把企业的历史、产品、整体的组织结构等介绍给他们。企业中的名人是企业文化中的一部分，他们的创业精神可以成为新进员工的学习榜样。另外对企业的基本文化和伦理思想，新进员工也要有所了解，这样便于他们更快地融入整体文化中。

(3) 纪律和规章：纪律和规章规定约束着员工在企业中的行为。例如，员工必须知道他们的假期怎样以及如何请假。规模较大的企业都有员工手册，它较为系统地说明了员工的行为准则。

通过上面新员工入职培训的内容，我们不难发现，定向培训可以帮助员工更好地理解组织目标，树立共同的价值观念并更加坚定地与组织共同成长，这些能帮助员工打下组织内幸福坚实的基础。需要特别注意的是，为了使员工更好地理解和融入组织，定向培训可以反复进行。在不断的重复和强化中，员工的归属感和认同感会更积极地形成。哈佛大学领导学教授科特发现，在信息高度发达的状态下，员工接触到的有关组织价值观的信息只占到他所接触的总信息中很少的一部分。在这种状态下，员工很容易就忘记那些描述组织价值观的词句。所以，每天上午 8 时，日本松下公司的全体员工会同时诵读松下报国七精神，并一起唱公司歌，松下公司这样的做法其实就是将定向培训习惯化。

那些成熟的公司都非常重视以企业文化和价值理念为导向的定向培训，以帮助新员工尽快融入组织形成战斗力。而在那些不进行定向培训的公司，我们就会看到新员工会有很长一段时间是处在游离状态。如果这个新员工积极主动，或许他还能比较快地被老员工接受，如果他比较内向含蓄，“外人”的疏离感会困扰他很久。通过定向培训将新员工导入组织，不仅可以帮助他们更好、更快地适应工作，而且由此所产生的“主人翁”感会直接带来幸福感。

2.3.2　动态匹配

小贾在某大型国有商业银行已经工作 6 年了，入职第一年小贾从事柜台工作，在这个大平台和人才“兵工厂”中，他获得了自豪感和培训学习机会。小贾不断提升业务能力，得到了客户认可，但他并不满足，而是主动积累客户经理方面的知识、业务经验和资源，并通过了行里的面试，成为一名客户经理。经过 3 年历练，小贾成了部门的“名牌”客户经理。他所在的银行也在郊区设立了分行和新部门，现在，他的想法又变化了——成为部门领导！通过自身的职业生涯规划和进阶，他与组织进入双向选择的状态：组织能否给小贾提供持续的上升空间？小贾是否有助于组织、部门目标的达成？

合适的人在合适的岗位上，这句话包含着一个动态匹配的过程。小贾的问题就是企业中经常出现的员工与工作的动态匹配。能匹配好，企业与员工就可以继续双赢；不能匹配，员工幸福感可能就会降低，甚至发生人才流失，这对企业也是一个损失。新员工入职上岗只是工作的第一次匹配。接下来，工作和员工都会发生变化。

组织的各种变化最终都会反映到工作层面，最直接的体现就是工作职责的变化，如公司规模扩大、部门合并、引入新技术等。工作职责的变化又进一步对工作承担人提出了新的要求。例如市场经理，职位虽然没有变化，但是公司引入网络营销后，对于工作承担人在互联网背景下的技能就有了更高的要求。除此之外，工作和工作之间的关系也会随着组织流程的变化而发生改变。简而言之，工作本身会随着公司的变化而不断变化。

进入公司的员工也不是静止的。员工最大的变化就是不以人的意志为转移的年龄的增长，在年龄增长的背景下，个体的生理状态和能力状态都在发生变化。组织管理领域的著名研究者沙因教授在阐述职业生涯发展过程中员工的种种变化时，从年龄角度，将员工生涯进行了细分，并且明确指出在不同年龄时间段，人们的状态是不一样的。

青少年到20大几的变化：在这个年龄段，个体有着强烈的成长渴望，他们的价值观正在形成，社会角色在增加，这个阶段的具体任务包括以下几方面。

(1)“拔腿而走”，脱离个人的原点家庭。

(2) 凭借同辈群体的力量，获得支持而不是一味依赖支持。

(3) 作出有效的教育和职业选择。

(4) 学会与配偶相处。

(5) 不靠父母支持，建立自己的住房和家庭。

(6) 确立新的个人和群体成员资格与社团承诺。

(7) 发展未来的一种自我图像。

(8) 寻找良师，吸取从他们身上学到的东西。

20大几到30多岁：在这个年龄段，个体有了一定的职业经验，他们独立创业的意识增强，重新选择职业的可能性增加，这个阶段的具体任务包括以下两方面。

(1) 复查个人在职业、婚姻、子女和社会参与方面的全部暂时性承诺。

(2) 开始作出更多的属于最终选择的过程，这些选择将导致长期持久的承诺。

30 多岁到 30 大几：在这个年龄段，个体的社会角色成为压力的主要来源，这个阶段的具体任务包括以下几方面。

(1) 安常处顺，立足于成人世界。

(2) 承认自己的职业和一生——或者加倍努力工作，“上得去”，或者放弃部分梦想，满足于安全。

(3) 管理家庭和职业要求之间的潜在冲突。

(4) 让配偶接受自己实际上是怎么回事。

(5) 学会承认子女实际上是怎么回事。

(6) 学会承认父母实际上是怎么回事。

30 大几到 40 岁伊始：在这个年龄段，个体将面临中年过渡的危机，他们可能再一次萌生跳槽的冲动，或者选择创业，这个阶段的具体任务包括以下几方面。

(1) 复查和承认个人梦想的要素、实际现状以及两者间的不一致。

(2) 作出新的选择——或接受和寻找工作、家庭和自我的新意义，或朝新的方向前进。

40 多岁到 50 岁：在这个年龄段，个体通常在组织内有了一定的职位，心理和生理条件使得他干劲不足，需要激励，这个阶段的具体任务包括以下几方面。

(1) 增强自主意识和自愿承诺。

(2) 应付明显的抑郁，承认抑郁感是生命的组成部分。

(3) 作出最终的职业决策——继续往上爬、讲求安稳，或重新选择职业。

（4）成为一名良师。

（5）应付能力丧失的恐惧和“崭露头角”的年轻人的竞争。

50 岁至退休：在这个年龄段，个体已经进入职业的后期，他必然面临着权力移交的现实，也不可避免地会陷入社交恐惧当中，这个阶段的具体任务包括以下两方面。

（1）保证个人处在与朋友的交往中。

（2）适应社交能力的总衰退，沉浸在自我和新建立的模式中。

以上只是对工作和员工变化的简要描述，尤其是员工的变化，这对人员与工作的匹配其实提出了很大的挑战。但是如果不能认识到这些变化，以一种刻舟求剑的心态来看待二者的情形，不匹配就会成为常态。

进一步分析，之所以会出现不匹配，主要是因为在双方变化的情境下信息出现了不对等。所以，为了能够在变化中实现良好的匹配，企业需要建立制度化的沟通机制。从企业来讲，它需要把企业出现的变化及时地与工作承担人交流，同时，企业也需要了解工作承担人的情况。在这方面，摩托罗拉公司曾经推行的“肯定个人尊严”的工作谈话是非常好的经验。这个谈话是公司一项非常重要的制度，每个季度进行一次，由主管和下属就工作状态进行交流。这个交流也不复杂，一共就 6 个问题，如下。

（1）您是否有一份对于摩托罗拉公司的成功有意义的工作？

（2）您是否了解能胜任本工作的行为，并且具备使工作成功的知识？

（3）您的培训是否已经确定，并得到适当的安排以不断提高您的工作技能？

（4）您是否了解您的职业前途，并且它令您鼓舞，确实可行，而且正在付诸行动？

(5) 过去每 30 天来，您是否都获得中肯的意见反馈以有助于改进工作绩效或促成您的职业前途的实现?

(6) 您的个人情况，如性别或文化背景是否得到正确对待而不影响您的成功? 这 6 个问题都是“是与否”的问题，如果有某个问题，员工回答了“否”，那么主管就会与该员工探讨改进的方案。摩托罗拉公司正是通过这样具体的、围绕工作的沟通，为员工在企业内的成长打下了扎实的基础（虽然摩托罗拉公司不再像往日一样辉煌，但它的成就，包括它对管理实践的贡献仍然值得尊敬和学习）。工作和员工的变化是一定的，这也就意味着双方出现匹配问题是一定的。面对工作中的种种不适，选择积极的沟通和相应的调整是保持动态匹配的关键。

相较于招聘，让新员工快速融入组织，并使他在未来的变化中保持与工作的匹配是更重要的任务。工作，就像员工的一个伙伴，员工的很多不幸福感就是在变化的背景下失去了共同战斗的感觉。企业不能轻视动态匹配，它是比招聘更长期的、影响更大的任务。

2.3.3　生涯规划

企业能否实现利润最大化，很大程度上取决于每个员工是不是发挥出了最大的能力；而企业能否持续基业长青，则在于员工的潜力能否得到最大限度的调动和激发，进而为企业持续创造效益。一个人只有适才适所，并有发展的前途，才会有职场幸福的可能。实现这个任务就需要企业有计划地进行员工的职业生涯规划。但是，可惜的是，到今天大部分中国企业仍然不太重视帮助员工制订职业生涯规划。

35 岁的 D 女士回顾自身成长历程，感慨很多。“我本科毕业后到了 K 公司做销售专员，那里的业务流程、团队氛围各方面对一个新人来说都很不错，给我打下了一个良好的基础。后来我进入T公司，这里更加强调开放、分享、互动、包容的职业气氛，我带领团队超额实现了年度目标，成为新销售大区经理，在与企业共同成长的过程中，成就感很大。”D女士详细阐述了她与这两个企业的故事：K公司是做食品的，本着对经销商负责、对消费者负责的经营态度，它将务实作风推行到了销售人员的业务开拓、流程管理、培训激励等方面，为D女士的职业生涯初期规范化进入角色提供了良好条件，加上自身努力，她快速成长为一名优秀的销售主管。凭着出色的业绩和良好的职业素养（shitsuke)，她成功跳槽进入T公司。在“每天都有新意义、每天都有新成长”的日常早会上，大家互相分享最新的工作体验；每月开展“才艺大赛”，每个人都有机会展现自己的一技之长，秀出自我；一次季度考评后，作为优秀人才的D女士被高管颁奖并进入年度特别人才培养计划。这些活动深得员工欢迎，企业业绩也有大幅提升。

王兴是某企业的推销员。由于他积极上进、表现良好，企业的领导决定将他培养成一名高级管理人员。在一次会议中，管理层协助王兴设计了一个成为一名高级管理人员的职业目标，并制订了详细的行动计划。为实现这个目标，王兴按照执行方案学习各种管理知识，并在实际工作中积累经验，还在业余时间获得了本科学历。渐渐地，他提出的业务流程与客户管理方式改善的建议多次被领导采纳，他自己也逐渐成为企业部门的副手，后来又晋升为经理。他按照设定的方案不断拓展自己在其他领域的管理知识和技能，最终成为一名高级管理人员。

刚刚参加工作，小张就给自己做好了“职业生涯规划”——成为企业中最重要的人。当别人谈论起职业生涯规划时，小张也信誓旦旦地说自己进行过职业生涯规划。但当他将自己的职业生涯规划转述给上级时，却被告知职业生涯规划不能这么简单。同上级交流的时候，小张也明确表示，希望领导帮助自己制订职业规划。

在帮助员工制订职业生涯规划时，管理者不能仅仅考虑员工的现状如何，还要挖掘员工的潜能，设想员工发挥出所有潜能时将是一个怎么样的情景，这样就可以突破员工现有情况的局限，从而向员工描绘出一幅其所渴望企及的美好前景，以及实现这一美好前景的具体路径和方法。职业发展目标的设定是职业生涯规划的核心。为员工的未来设定一个行之有效的目标，它比薪金更有价值，更能激发员工为企业创造价值的愿望。当员工把工作当作自己的事业时，无论企业提出多么高的目标和要求，他们都会努力奋斗以达到目标。

L 公司在这方面做得非常好。当一名新员工进入企业后，部门经理都会与他进行一次有深度的长谈：你对企业有什么期望，你对个人发展有什么打算，1 年之内你要达到什么目标，3 年之内要达到什么目标。为了实现你的目标，除你个人努力之外，还需企业为你提供什么帮助。每到年末，部门经理都要和员工一起对照上一年的规划进行检查，并制订下一年的规划。职业生涯规划不仅为员工架起了成长的阶梯，而且使企业的发展获得永不衰竭的能量。公司称这种做法为“放水养鱼”，可以大大缩小员工能力和企业需求之间的差距。有规划才有计划，为员工做好职业生涯规划，可以让他们更好地尝到成就感的甜头。

职业生涯规划不是一厢情愿的单向活动，而是企业和员工就双方目标展开的交流，并在积极的背景下达成员工的职业发展目标。从员工的角度看，职业生涯规划有利于员工明确人生的奋斗目标，激励自己积极去创造条件以实现目标；有利于员工充分发挥个人潜力，为社会、为企业创造出更大的价值；有利于员工积极地提高自己的综合素质，强化职业动力。从企业的角度看，在战略的指导下，企业进行人力资源规划，根据企业未来的发展趋势，预测未来人力资源的需求和供给状况，制定相应的政策和措施，对员工进行的职业生涯规划可以使企业在目前和将来对人力资源的需要能得到及时的、稳定的补充和满足。

职业生涯规划是企业与员工就未来双方的发展而制定的一种契约，虽然不像劳动合同那样有强大的法律效力，但它确实能够增强双方的承诺。在明确的职业规划蓝图下，员工就可以主动谋求在企业发展大背景下的个人成长，并借助企业平台，通过学习和培训，真正实现同步进行。对于新生代员工来说，他们越发看重个人发展，对于那些不考虑员工未来的企业，员工也不会和它一直走下去。

下面，我们来看看百胜餐饮集团是如何一步步把一个普通员工培养成能够独当一面的经理的。扎实而细致的职业生涯管理是企业得以发展的基础。百胜餐饮集团是知名的餐饮集团，在全球超过 130 个国家和地区拥有超过 42 500 家连锁餐厅。百胜餐饮集团旗下的肯德基、必胜客和塔可钟 3 个餐饮品牌，分别在烹鸡、比萨、墨西哥风味食品连锁餐饮领域具有较高影响力。至 2019 年年底，百胜集团在中国内地 1 300 多个城市和乡镇拥有超过 6 500 家肯德基餐厅、2 200 余家必胜客欢乐餐厅，此外，还开设了必胜宅急送、东方既白和小肥羊餐厅等。百胜中国餐厅总数目超过 9 200 家，员工总人数逾 50 万，是百胜在全球业务发展最快、增长最迅速的市场。

作为大型的跨国公司，百胜有非常规范和清晰的职业发展通道。将员工发展具体到月和周，并辅以必要的培训计划，让员工对自己的发展有更明确的认识，起到激励作用的同时保证员工具备晋升所需的必要技能，同时让百胜中国餐厅的职业发展体系更加完备。这使其被称为服务业的“黄埔军校”。

百胜中国餐厅管理团队员工的具体发展规划如图 2-1 所示。

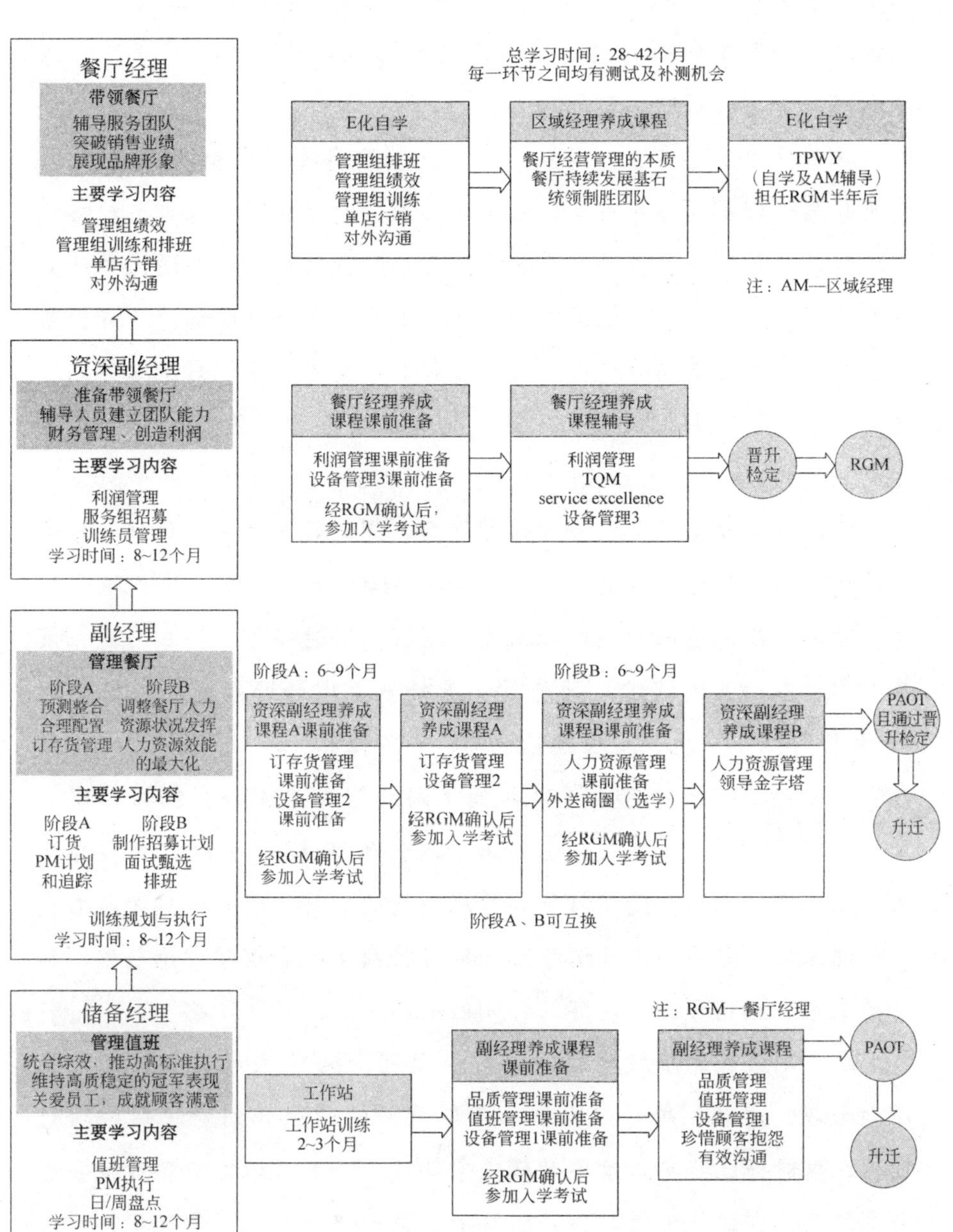

图 2-1　百胜中国餐厅管理团队员工的具体发展规划

大学毕业的周婷刚入职肯德基，就被告知了清晰的成长蓝图，并且被告知如果在培训的过程中有问题和困扰，可以直接寻求餐厅经理和训练专员的帮助。

接着作为储备经理，周婷学习了一整天有关餐厅和训练的简介。作为基层管理层的培养对象，刚进入公司的时候，每个人都要严格学习工作站（如外场、收银、总配等）基本的操作技能，并通过考试取得结业证书。周婷在熟练员工的指导下开始了工作站的训练。肯德基的产品、服务都有内部标准，工作流程和系统早已规范好。工作站阶段持续了两个多月，这一阶段还包括食品安全以及设备维护保养等方面的训练。

通过理论和生产环境演练的考核后，周婷进入区域管理（包括生产管理、品质管理、收货管理、服务管理和现金管理）的训练。接着，她进入基础值班管理（包括值班流程、实时领导、高效沟通、设备维养、基础案例演练）的阶段。再接着，周婷进入进阶值班管理（包括进阶案例演练、处理顾客抱怨、设备维养、入职简介）阶段。

通过考核一个月后，周婷参加了副经理养成课程，包括品质管理，处理顾客抱怨、有效沟通值班管理。入职 10 个月后，周婷升迁成为副经理，主要接受了订货和排班方面的训练，还开始接受人力资源管理课程、领导力提升课程。训练是将商学院管理学理论与案例和肯德基本身相结合，和实际工作相匹配。

餐厅副经理的阶段周婷进行得很顺利，12 个月的时候，由于资深副经理的离职，周婷以比自己预期更快的速度升到资深副经理的职位，这时她已经可以准备带领一家餐厅，并且可以负责餐厅服务组的训练了。在这一阶段，周婷还要负责服务组的招募，进行了餐厅经理养成课程课前准备，包括利润管理和设备管理。然后她进行了一次入学考试并顺利通过。接着，周婷参加了餐厅经理养成课程，包括辅导、利润管理、TQM（全面质量管理）、service excellence 优质服务、设备管理，通过课后检定后，周婷参加了晋升检定，这让她感到兴奋和激动。

随着职级的不断升高，晋升越来越不容易了。好几个资深副经理同时竞聘一个餐厅经理的位置，周婷在一年内以几乎一个半月一次的频率去竞聘餐厅经理。在她考虑放弃时，曾经的辅导人劝住了她。周婷决定留下来，机会终于来了，她成为餐厅经理。

成为餐厅经理的周婷已经可以带领一家餐厅了。按照百胜集团公司对餐厅管理人员的职责要求，每一位餐厅经理必须熟悉并详细了解餐厅内的全部运作流程，从介绍产品、库存管理到人员管理、危机处理，以及品质控制和人力成本，都要了然于胸，一家餐厅内人员基本上是六七十人，营业额高的餐厅一般要一百二三十人，所以一家餐厅就犹如一个小公司，而餐厅经理就是这家公司的总经理。

百胜集团公司的企业文化中“餐厅经理第一”是非常有特色和最重要的一条。“餐厅经理第一”体现了公司一切围绕一线餐厅服务的思想。餐厅经理在公司享有着重要的地位，他们是公司成功的关键，这个 No. 1 的体现并不是通过职级上的特权来呈现，能享有这份第一是由于自身的胜任力和主人翁精神。

像周婷一样，餐厅经理会被全面告知公司总体的发展策略和进程，这样每位餐厅经理都理解和感受到他们是公司业务的关键。餐厅经理的业绩目标和考核参数都十分的明确和清晰，餐厅经理会参与目标设定的过程，他们不是被动地接受而是可以参与决策，同时其意见也会被倾听和重视，餐厅经理清楚了解公司对自己的要求和期望是什么，从而以管理自家店的态度去管理和经营自己所管辖的餐厅。餐厅经理的呼声能被倾听和关注同时能得到足够的支持。同样，餐厅经理也会接受完整系统的培训和辅导。餐厅经理会对他们的职位感到骄傲并感受到他们处在第一位重要的位置被很好地认同，通过餐厅经理年会等方式，每个人都会产生一种自豪感和努力向上的劲头。

对于从储备经理发展而上的员工来说的短期目标职位就是餐厅经理。周婷感谢自己当时坚持了下来，这下终于可以大展身手了。

成为餐厅经理后就没有考核检定了，通过在线学习、参加课程和自学，周婷还接受了统领制胜团队、餐厅管理本质、餐厅持续发展等区域经理养成课程的学习。回顾自己的发展历程，除了工作技能和能力方面得到了提升，周婷的管理能力、领导力和刚入职的时候相比也发生了质的飞跃。她从一个遇到问题就想哭的、学生气十足的管理者变成了成熟的、知道如何为人处世的管理者。

百胜餐饮拥有鲜明的企业文化，通过二十几年的探索和发展，已经形成了一套较为完备的职业生涯发展体系，并构建了与之对应的培训体系，以餐厅管理团队为例，包括储备经理、副经理、资深副经理、餐厅经理的职位晋升和与之对应的训练、课前考试、培训、检定。像百胜餐饮这样庞大的企业，如果没有扎扎实实的管理者队伍的培养和职业生涯发展，很难想象这个企业的经营绩效如何稳定地保障。公司通过明确的职业发展地图，让每一个人都清晰自己成长所需要的能力，在公司的配合下，动态地、有序地发展。

职业生涯规划是一个伴随员工在组织内职业发展的长期计划。如果说一个项目的成功、一个产品的研发能够带给人们幸福，那么精心安排的、负责任的职业生涯规划则是瞄准企业和员工长远的幸福。它以企业发展战略为指针，充分沟通员工和工作的变化，制定具体的方法来弥补员工能力和工作要求之间的差距，使员工始终能有良好的工作状态。这大概就是所谓“一辈子的幸福”吧。

本章讨论的是幸福组织的第一个构成要素：招聘。从员工招聘开始，幸福组织建设就要打下坚实的基础。或许与理论所描述的不太一致，但是从管理实践我们能明显地感觉到，一个优秀的队伍是招聘出来的，一个幸福的组织也是招聘出来的。这样说至少是提醒领导者们要重视员工的甄选工作。在整个甄选过程中，领导者们应该尽可能地参与。对人员性格的了解以及通过背景调查更深入地认识申请人是积极建设幸福组织的必需。充分了解企业的工作职责和要求，把握企业所提供的职场空间，这样在招聘时才能开诚布公地避免那些可能“入错行”的申请人。“合适的人做合适的事”其实是不容易的，甄选之后的匹配工作是更大的挑战。认真做好导入式的定向培训，并且充分考虑员工和工作的变化，实现人岗的动态匹配。在公司整体战略的指引下，一份职业生涯规划就仿佛为员工制定了职业发展攻略，为企业与员工的长期幸福指明了方向。

第3章 设计可以带来幸福的工作

平时人们都说“找工作”，没有说“找企业”的。一个人，正是通过一份工作，才成为一个组织的成员；一个组织的成员，通过一份具体的工作，才能真切地感受到组织。从组织结构来看，组织由若干部门组成，部门由若干工作组成。上一章讨论了工作说明书所明确的工作职责问题，本章继续讨论的工作包括另外两层含义：一是与工作相伴随的环境，就是工作存在的物理场所，比较详细的工作说明书通常也包括这部分内容，这里，我们需要特别强调工作场所对人们的影响。二是指工作本身带给人们的感受。在塞利格曼的幸福公式中，环境是影响个体幸福感的重要因素，甚至是增进组织全体人员幸福的不可或缺的重要幸福因素。企业可以通过有意识的设计来赋能工作以建立工作对人们心理的正向促进，从而在具体的环境层面构筑幸福组织。

3.1　从工作环境入手

一个家庭生活水平的提高或者在外人看来这个家庭的生活水平，通常都是与它的居住条件有关。更舒适的条件、更优美的环境自然是人们幸福心理的基本条件。人们对于居住条件的不断改善的原动力就是对于幸福的追求。工作条件也是这样。尽管很多公司起始的工作环境都不太理想，如惠普公司、苹果公司、联想集团等，但是只要条件允许，公司领导者都在不断地改善工作环境。有研究表明，影响毕业生找工作的一个重要因素就是公司的办公环境。所以，在力所能及的范围内，企业领导者可以从工作环境入手，打造幸福组织的硬件基础。

3.1.1　环境影响行为

3 年前，我们做了一个有关工作环境对人们行为影响的实验。现实中，人们都会有这样的体验：对比肮脏环境，当我们身处清洁(seiketsu) 环境时，一方面我们会约束自己的行为不要去破坏清洁的环境；另一方面对那些随地吐痰或丢弃垃圾的不道德行为，会更不能容忍，评价更为严厉。这个实验的主题就是探究工作环境的洁净状态对员工在有损组织利益行为的道德问题上是否会表现出更为严厉的道德判断。

在一个制造业企业中，我们选择了 57 名职工志愿者作为被试，利用休息时间进行现场实验。被试中有 16 名女性、25 名管理人员和 32 名操作工，平均年龄 37.78 岁。被试被随机安排在两个作业环境实验组（29 人在干净环境组，28 人在不洁环境组）。环境洁净度的变量测量和道德问题判断的变量测量都采用了被普遍接受的问卷。

利用企业提供的暂时不用的工作室，最终选择了两个相同用途的工作室（均设有洗手池）。一间是暂时不用、室内环境和器物整洁（实验前又做了特别的保洁处理，使环境更加干净），作为干净环境组实验室；另一间是长期闲置不用、室内环境和器物较脏（落有灰尘，地面有污迹），作为不洁环境组实验室。

实验程序大致是这样的：被试被分别引入相应的实验工作室；先请他环顾四周环境、观察工作室的洁净状况，填写工作室环境清洁度问卷；随后，请他针对工作场所中各种有损组织合法利益行为的表现，进行问卷评价。

实验的数据结果：不洁环境下，职工对有损组织合法利益行为的接受度高；干净环境下，职工对有损组织合法利益行为的接受度低，即更不能接受有损组织合法利益的行为。

这个发现提示我们工作环境洁净是影响员工消极行为的一个前因变量，也就是说，工作环境的洁净状态会影响人们对不道德行为的判断尺度。如果说环境是洁净的，人们会有更高的标准，更加抵触不良行为；而如果环境不洁，这反而让人们降低了对不良行为的抵制。我们的实验验证了环境对人们心理认知的影响，也验证了我们的常识性判断。

环境对我们的行为的确会产生影响，这样就不难理解以倡导工作场所的整洁、干净与有序而闻名的日本企业 5S 现场管理为什么被企业界广泛推崇和学习。5S 即整理（seiri）、整顿（seiton）、清扫（seiso）、清洁、素养，又被称为“五常法则”，是指在生产现场中对人员、机器、材料、方法等生产要素进行有效的管理。通过严格的 5S 现场管理，创造令人心旷神怡的工作场所。同时，工作现场的整洁、干净与有序是杜绝浪费、降低成本、提高工作效率、保证产品质量和确保准时交货的基本保障。

员工在组织内生活的物理环境的状态影响着员工的生理和心理状态。当年张瑞敏贴出“禁止在厂区内随地大小便”，现在看来多少有点不可思议，但当时的环境与不文明行为形成了相互强化，在这样的状态下，人们怎么可能会有良好的工作心态和工作表现。研究人员通过对美国纽约市犯罪率下降的分析，称城市照明比警察更能够减少犯罪。当昏暗的街道有了充分的照明，不良动机就会被更大地抑制。从某种角度看，工作环境改善可能是比制度建设更有效且更持久地改变个体行为的方法。

再来看一个例子。持续改善是日本企业管理的基础，也是日本企业竞争优势的根源，而这种优势很大程度上是建立在由非正式的宽松环境所营造出的融洽关系上。当年戴明在日本推广全面质量管理，他发现，同样是“品管圈”（就是质量改进小组），与欧美企业不同，日本企业就能切实通过自发组成的小组讨论来高效实现质量持续改善的目标。其中最重要的原因就是日本员工下班以后大多不是直接回家，相同、相近或互补的工作场所的员工常常三五成群地一起去居酒屋。根据日本一家报社对东京、大阪等地区 100 余名 30 岁以下的男女雇员的调查，60％的职员下班以后选择去居酒屋喝酒，其中一人独饮者极少，绝大多数是与同事同饮，而他们的话题则多与业务活动、人际关系有关。在居酒屋时，日本人的表现与工作时完全判若两人，不论职位辈分相互敬酒、彼此聊天，百无禁忌。因此，常常有很多关于业务活动的充满创意的点子在居酒屋里诞生。日本员工显然把居酒屋当成了更轻松的会议室，它激发了灵感，融洽了关系，降低了创新成本。

今天，越来越多的企业开始重视工作环境建设。在办公楼，企业不仅提供优越的办公条件，而且也鼓励员工们自己打造舒适的办公位；在工厂，厂区环境、机器设备、备品备件等也都井然有序，有些工厂甚至可以开放为工业旅游区。人们都向往美好的环境，而美好的环境不仅能带来良好的心情，更能促进积极的行为。通俗一点，幸福组织建设就是要更“讲究”一些，毕竟，良好的工作环境是一个员工在组织中产生幸福感最初也是最直接的来源。

3.1.2 优化工作环境

广义上的“工作环境”，是直接或者间接作用和影响工作过程的各种因素的综合，是指一定组织机构的所有成员所处的大环境，包括人际环境和物理环境。从狭义上说，工作环境是指组织成员工作中所处的环境，主要是物理环境即办公室所在地、建筑设计、室内空气、光线、颜色、办公设备和办公室的布局、布置等“硬环境”因素。本章聚焦于狭义的硬环境，有关人际环境我们会在后面的章节中讨论。

今天各种有趣的办公室创意打破了以往单调严肃的办公室氛围，如 Airbnb 位于鹿特丹的办公室，玻璃与木材搭建出原始意义的会议室，屋顶花园充满了城市绿意，整个公司给人一种生机盎然的感觉。Google 公司办公室更是极具吸引力，灯光照明是精心设计的，办公大楼随处可见白色书写板，大家可以随时写下即兴的灵感。若要往来于办公室之间，员工可以骑乘电动滑板车。办公时间也是个性化的，有些人喜欢熬夜，有些人喜欢早起，就按照自己的时区来工作。交流的时候，大家会把五颜六色的懒人椅滚到一起，如果想自己思考，随时都可以到大块积木围起来的小区域里躲清静。阿里的办公环境也是一流，各种黑科技营造出时尚感，不过，也有人说：“如果你从阿里离职，是去了腾讯、华为这样的大企业，那也没什么好后悔的，这些企业的办公环境都是一个比一个好！”

虽然不是每个企业都能像这些互联网公司那样建造出别出心裁

的办公环境，但是，一个企业要想实现自己光辉灿烂的愿景目标，也离不开一个良好的工作环境给予强有力的支持。如果说像企业文化等软环境的提升需要时间的积淀，企业硬环境的建设要相对简单很多。千万不要找寻各种借口来忽视硬件的投入，正如前面实验的结论，硬件环境能够影响员工的心理认知。优越的环境不仅可以让员工在工作中享受快乐，也能够为软环境的建设提供坚实的保障。那么，员工究竟偏爱什么样的工作环境？让我们听听他们的心声。

S 酒店高级人事经理小雨：我们人事部都是在地下室工作的，我的梦想就是能在一个有窗户的地方工作，有自然光进来。大部分员工都是在酒店里工作，但是后线的行政部门办公室基本上都是在地下室。有时候感觉很不舒服。

某大型外企吴女士：工作环境得通风，有窗户，透亮。中午午休的时候能有个床或者舒服的沙发躺一下就好了。条件再好一点，有个咖啡厅、茶水间、健身房，有酸奶、水果更好。其实现在很多外企都已经做到了。有些公司可以自己设计工作场所，员工带一个布偶玩具、养个绿植都行。

京东员工小孙：从开车到停车，每个环节都有人服务，安保是仿机场标准的。办公室绿植特别多，除了员工食堂还有咖啡馆，在一楼"京东到家"就可以买到各种各样的水果，大厅里不定期有商家来做促销活动，员工可以获得折扣，茶水间也比较丰富。员工工位是弧形的，每 4 个人背对背，相对比较自由。

W 会议中心经理小王：我们员工餐厅和西餐厅、中餐厅是并驾齐驱的，由同一个总监来管，员工餐厅重新装修就投入十几万元。在那里用餐是我每天盼望的。

那么，如何营造一个舒适的工作环境？对于今天的职场人来说，他们一天中有将近一半的时间在公司。从某种意义上说，公司不仅是工作的场所，多少还带有生活的色彩。所以，在办公设施保障的基础上，增加一些生活的意味和设备，能够帮助员工放松心情。对于新生代员工来说，有趣的工作环境有时比薪水还重要。有些企业甚至以“工作游戏化”为理念，彻底颠覆传统的办公环境。对于大多数企业来说，注意营造出有趣的工作氛围能大大缓解工作本身的单调和压力。看看朋友圈的各种“炫”就知道，在员工眼中，所谓的优越环境可不单单是办公桌椅、高大上的会议室，而是硬件所透露出的温馨和格调。

所以说，把工作环境建设成员工的幸福感基地，其实说起来也不复杂，就是真的把工作环境当“家”一样去装修设计就好了：尽量使用绿色环保无污染的办公家具和用品；色调使用方面要兼顾柔和与冷静；办公室内有铺地毯的、有办公家具的，需要使用专门的清洁用品及清洁设备，从而有利于员工健康；办公场所的福利区域，如咖啡茶点区，要卫生、安静等。总之，干净明亮的办公环境和生活环境，可以使员工心情舒畅，工作效率提升。

进一步，企业还可以多借鉴人体工程学（human engineering）的要求，让整个办公环境的设计更加科学，也更加照顾工作者的身体。简单来说，人体工程学就是研究人和机器及环境相互作用的学科。在工作环境设计时，人体工程学可以帮助确定人和人际在室内活动所需的空间范围，也可以根据室内外条件确定办公区的物理环境最佳参数，还可以对室内光照设计、色彩设计等提供科学依据。早期科学管理学派所推崇的“动时研究”，就是将工作者的行为与时间以及作业环境进行整体设计，不仅保障工作效率，还能够节省工作者的体力付出，降低工作强度。

办公室可以考虑使用一些色彩进行装饰。不同色彩会带给人不同的心理感受。例如，冷色调系会让人更有活力，淡绿能使人注意力集中、注意细节等。在装修装饰办公室时，公司可以多向设计师咨询，请专业人士根据不同需要进行设计。具体到个体工位设计，可以考虑给员工施展的空间，使他能够个性化自己的工作场所。例如，在办公桌上放置家庭照片，案头摆放盆景或花束，墙壁上挂有趣的挂饰，等等。有的企业甚至许可员工将个人空间装饰成自己喜欢的颜色，使得整个工作场所看起来相当有趣。

某外企经理孟先生："现在的办公室很多都是一个个隔断的，人和人之间是需要安全距离的，即使很亲密的人也一样。后来我们要增加人，摆工位的时候我就特别重视这个，距离保持得比较合适。但是空间太大了以后大家又距离远了，所以比较重要的就是保持一个适度的距离。"

某软件开发工程师东东："我们做开发的，工作中有很多需要交流的，如果距离太远的话会造成工作效率低和时间浪费。有一个词叫封闭开发，把工程师们聚在一起，除了工作就是睡觉，这样有可能很快完成了本来不可能完成的任务。当然也要适度。"

某民企高管小华："我的第一份工作是在国企做出纳，当时我在二楼阴面，屋子挺大也通风，但窗户是两层铁栏杆，周围还有树木，采光很不好，感觉自己像在一个监狱里。第二份工作是在天津子公司，环境还挺不错，有咖啡间和一个小冰箱，里面的零食可以随便吃。但领导有一个要求：每个人的桌面只能摆 6 件东西，这种规定导致大家的注意力很分散。我在一个环保企业看到基本上每 4 个人后面有一个摄像头，听说每个人的电脑都是被监视的。另外一个金融公司的工位挨得很近，像一个大网吧。我觉得一家好的公司必须有吸烟室，还有相对私密的接电话的空间和洽谈室。"

积极建设工作环境的目的是让员工以良好的心态投入工作中。不过，也必须注意到另一方面，如果忽略工作环境建设，或者企业并没有以积极的心态投入环境建设中，这对员工心态会产生消极的影响。相较于企业在其他方面的投入，工作环境建设的预算其实是有限的，但却能发挥出巨大的作用，在这方面的节省，如果对员工心态产生消极影响，对企业来说可能是更大的损失。

另外，工作方式可以灵活调整。互联网时代后，人们的工作方式正在发生巨大的转变，工作场所可以从传统的办公室搬到咖啡馆，固定工位也已经被流动的办公场所替代。顺应这样的变化趋势，公司可以允许员工自己规定工作时间、工作节奏、工作方式，只要能够达到组织的预期效果，让员工舒服一些又有什么不可以呢？严谨的工作作风当然要提倡，但严谨并不意味着古板老旧。管理者要用积极的态度去理解员工变化的工作需求，并据此创造出新的工作乐趣，要知道，心情愉悦才可以产生最大的工作效率。

总之，安全、舒适、有益、轻松的环境可以提高人们的工作意愿，改善工作绩效。企业不能把工作环境建设仅仅当成一种员工福利，它是企业整体建设中非常重要的一环。尤其是今天，新生代员工越发看重物理环境的重要性。人际氛围尽管重要，但物理环境更为直接。人际环境的建设是无形的，而物理环境的改善是具体的。为员工创造一个舒适的工作生活环境，使员工幸福感得到全面提升，他们才能以积极的状态为客户提供高品质的服务。相反，在恶劣环境中工作，只会消磨员工的积极性，让员工失去工作热情和自信心。即便没有最好的环境，企业也可以尽心营造出舒适的条件。就好像居住条件不一定是要豪华的别墅，但也不能够过于艰苦，一个舒适温馨的环境应该是更基本的。

3.2　夯实环境基础

尽管人们现在津津乐道于工作环境的各种炫酷设计以及各种贴心的服务设施，但这些都必须基于一个扎扎实实的环境基础：安全健康、远离事故以及控制心理压力。《中华人民共和国劳动法》第五十二条规定：用人单位必须建立、健全劳动安全卫生制度，严格执行国家劳动安全卫生规程和标准，对劳动者进行劳动安全卫生教育，防止劳动过程中的事故，减少职业危害。企业有责任确保员工的工作环境是安全的，并且，工作环境中的事物不会对员工身体或心理造成危害。为了保证员工的安全和健康，企业必须采取多种措施预防可能出现的工作事故。除了生理层面的安全保障，企业还需要通过积极手段舒缓员工心理压力。

3.2.1　安全健康

100 多年以前，美国米鲁奥其钢铁公司董事长格里就提出了安全第一的思想。在具体操作中，他将过去的生产第一的经营管理思想转换为安全第一、品质第二、生产第三的公司管理信条，并且把安全当作工作绩效的重要组成部分。这种对安全问题认识上质的飞跃是因为太多惨痛的教训。可是发展到今天，很多企业仍然秉持生产第一主义，还有一些企业毫无安全意识，为了追求利润降低成本，不舍得在安全管理上多花一分钱。

所谓安全，就是指保护员工不受到与工作有关事故的伤害。所谓健康，就是指防范可能的职业病以及生产作业过程中出现的心理疾障。与此相对应，工作场所的不安全或者不健康会对员工的身体和精神造成严重的伤害，影响员工个人及其家庭生活的质量。需要清楚的是，工作场所的安全和健康一旦出现了问题，不仅会影响员工的幸福感，企业也要承担相应的成本，可以说，那真是两败俱伤，谁也不愿面对的局面。

曾在×酒店工作的老于："10年前，酒店的设计还很不完善。有一个洗碗的部门，大部分员工都是阿姨大姐，有一个隔间是差不多三四米高的，在那边工作完了以后要去扔垃圾，下来的路是工程部给修的一个人工的楼梯，很危险。后来真的有一个大姐摔了，因为工伤一直拖着休息，最后还跟公司打官司。有一个员工推一箱矿泉水的时候，整箱矿泉水掉下来砸到了脚背，他说地毯上有东西硌了一下。这种细节的问题很容易造成伤害。现在酒店的厨房工作人员的鞋子都是专门做的，鞋底很厚、鞋面很宽、鞋底的棱很深，是很防滑的。"

实际上，比较明显的与安全生产有关的危险物品、操作是容易控制的，特别需要注意的是工作场所本身带来的职业病。职业病通常都是在不容易被察觉的情况下日积月累所形成的。职业病会给人们的幸福感带来很大的负面影响。因此，企业应将预防和治疗职业病列为控制与提升工作环境的重要内容，通过改善工作条件，保护和促进职业人群的身体健康。

某大型购物中心高女士："长期站立会导致下肢静脉曲张，我们就有休息室，一般一两个小时就换班休息一下。"

某银行F先生："我们银行比较多的是颈椎腰椎病，还有就是柜员接触钱，上面细菌比较多，免疫力低的人就容易生病。"

某外企工厂工程师佟先生：我最早是在一个外企工厂做工程师，是美国企业，它有单独的一个部门审查工作环境对员工会不会有害，包括椅子、桌子应该多高。当时我是做软件测试，经常会有人来审查你出的方案、模具，对操作工的身体会不会有害。我入职的时候，这个公司有 4 个部门，面试完了以后让我去做体检，然后说我的耳朵不太适合这个部门，因为有噪声，就把我从微电子事业部调到手机事业部了。在安全和健康方面，外企做得要好些。我现在的工作主要还是涉及软件方面，职业病主要是腰颈椎病。我看公司干销售的员工，因为经常喝酒，肠胃炎很普遍。

建立和维护安全健康的工作环境是企业应承担的法律与道德责任，在安全健康的工作环境中工作是员工的基本权利，如《中华人民共和国安全生产法》和《中华人民共和国职业病防治法》等法律法规都规定，用人单位必须提供安全和健康的工作环境，劳动者有权获得安全生产保障、职业卫生保护的权利，有权拒绝不安全或者不健康的工作。

其实，企业需要换个角度去思考对工作环境安全和健康的投入，那不是成本，而是投资，因为它能够产生积极的作用。首先，安全健康的工作环境有利于降低成本，提高盈利能力，如员工受伤或生病时，企业要承担医疗费用、工人补偿、生活护理费、工资损失、设备和原料损失、生产延误、其他工人的工时损失、替代工的选拔和培训成本及事故报告费用等，还可能造成员工旷工、离职。身心健康的员工才可以保障生产运营的稳定高效。其次，建立和维护安全健康的工作环境有利于建立良好的工作关系，可以有效地吸引和留住优秀员工。要知道，在马斯洛的需求层次论中，安全需求仅次于生理需求，是人们的基本要求。最后，企业建立健康安全的制度和设施可以减轻员工受伤时企业与管理者的诉讼责任，也能够建立更加积极的企业员工关系。

总之，工作环境建设的第一原则是安全健康。保证工作环境的安全无害是每一个企业的基本责任，也是工作环境建设的底线。从员工激励的角度看，安全健康的环境是典型的保健因素。有了它，员工未必感到幸福；没有它，员工一定会感到不幸福。

3.2.2 预防事故

为了更好地保证员工的安全和健康，企业必须认真分析发生事故的原因，并采取积极的方法来预防事故，让工作场所远离事故。

事故的原因通常可分为两类：一类是人为因素，另一类是环境因素。人为因素造成的事故是由员工的错误行为所直接导致的，如粗心、酒醉、压力、精神恍惚、不能胜任等。环境因素造成的事故是由工作环境中不当设置所直接导致的，如工具、设备、机器以及周围的设施等。通过上一节的讨论，我们知道如果企业能够切实履行工作环境的安全职责，由环境因素造成的事故就可以得到有效控制。从管理实践来看，目前企业中发生的大多数事故是由员工个人的不当行为造成的。

那么，可不可以预测员工个体事故呢？不少企业采用一种“生活经历法”。这种方法认为，员工个体过去的经历对于他当下的行为会产生影响，有时，这种影响是积极的，可以丰富员工的经验、操作的熟练程度等；有时，这种影响是消极的，为日后的事故埋下伏笔。也就是说，如果相似的情境或者事件再次发生，个体可能会表现出不当的反应。例如，一名员工的亲人在一次火灾中丧生，那么，此事会使这名员工对火十分敏感，产生一种恐惧感，如果让他从事一些与此有关的工作，发生事故的概率就比较高。用“生活经历法”来安排工作时，一定要对员工有一个详细的了解，这和上一章讨论的背景调查是一致的。

企业在积极预测事故的基础上，还要做大量的工作来预防事故。经常使用的方法主要有安全教育、技术培训、工程设计、保护措施和积累出员工内心的消极情绪。如何将员工内心的压力用适当的方法表达出来，释放掉不良情绪，保持身心的健康，一直是很受关注的问题。心理学理论认为最简单的方法就是宣泄。所谓宣泄，就是排解或释放紧张情绪的过程。古希腊大思想家亚里士多德最早提出，可以在文学作品中用悲剧的手法使人们的恐惧和忧虑的情绪得以释放。今天，大家都理解这个名词，也在一定程度上使用这种方法来排遣自己的消极心理。例如，有些公司专门设置宣泄室，让那些受了挫折的业务员有一个发泄的场所。

聪明的管理者会创造条件使员工的不良情绪得到宣泄。有一位经理，每隔一段时间都会请自己的手下出去吃一顿饭。吃饭之前，先让自己的员工随意发牢骚，可以是工作上的某些问题，也可以是管理方式上的问题。随后，再用一段时间，发表积极的意见，并对新出现的问题提出改进意见。这种“宣泄集会”的费用不高，但却能收到很好的效果。

除了类似宣泄这样的心理干预方式，为了能最好地应对工作所产生的必然压力，企业还可以从员工自身和组织两个角度进行更积极的压力管理。

(1) 压力的自我管理：鼓励员工积极地自我管理，有必要时还可以培训员工学会如何自己控制和管理好压力。例如，培养良好的营养习惯，如均衡营养、规律饮食等可以使自己保持良好的身体状况，减少疾病；良好的锻炼习惯可以增强身体素质，能够承受工作带来的压力；自我提示则是通过了解个人需求和行为矫正来保持健康的心理；良好的时间管理能保证每天的工作按计划进行，不会使一段时间的工作量过大，而一段时间又无事可做；长期的职业生涯规划能帮助个人按照既定的顺序达成目标，不至于产生过重的心理压力；等等。

(2) 压力的组织管理：因为员工压力的很大一部分来自组织的氛

围、工作的责任等，如果是这些因素导致员工压力，企业需要采取一些措施来疏导。例如，组织中竞争的气氛十分强烈，这可以带来积极性和努力工作，但同时会给员工个人带来压力。这样的竞争，从长远看，并不是很好的事情。此时，企业就需要调整整体的政策导向。如果工作强度很大，员工感到很疲劳，企业可以通过一些文体活动和设施帮助员工排遣压力、舒缓压力。通过多种多样的娱乐活动，不仅能提高团队的沟通能力，让员工关系变得更融洽，在欢笑和愉悦的氛围中提升员工幸福感。

在压力管理方面，不妨借鉴印度软件开发团队的做法。众所周知，软件开发是一个压力很大的行业。在这个领域，印度的计算机软件开发水平是世界一流的，而其开发团队的气氛与其软件开发水平一样是业界的典范。能够在软件开发这样一个高压力的行业中表现出高标准的职业素养，一个很重要的因素是他们非常善于用各种方式来调节紧张的工作。印度软件开发团队工作期间，经常会有三五个人聚在一起聊天的现象，坐下来喝个茶或是抽支烟。工程师们每天都会抽出一部分时间，放下手头的工作、脑中的思路，闲散地聊个天，这段时间被称作“品茶间歇”，即使项目吃紧，加班到深夜，也仍然要“品茶间歇”。项目开发是一项消耗脑力的劳动，适当的休息是必要的，这样才能保证工作的正确率和效率。“品茶间歇”正好可以达到“及时沟通”和“必要的休息”两个目的，两全其美，事半功倍。轻松的周末时间，一些印度人更是相约在小餐馆，围在一起，没有员工，没有领导，谈天说地。通过交谈，大家彼此更加了解，如此以增加组织成员相互之间的了解，从而减少工作中不必要的误会，融洽了团队氛围。

总的来说，压力对于职场人来说是一件非常正常的事情。既然不能避免，那就选择积极面对，从压力当中找到幸福的动力。

工作总是在一个特定的情境下，所以说，工作情境也是工作的一部分。就像一个家庭，总会有一个居所，居所也是家庭的一部分。普通居所未必就要像那些别墅豪宅般的高度警戒，但是给予家庭成员足够的身心安全和健康却是必需的。远离事故、身心愉悦是工作环境建设的基础。在此物质基础上，企业才可以考虑让工作带给人们更多幸福感。

3.3　赋能工作

除了工作外部的硬条件，组织还可以考虑通过工作设计来增强人们内心的积极感受。特别是面对越来越多的新生代员工，如何让工作本身具备更多能吸引人的地方，是每个管理者不得不考虑的问题。通过对工作权责的认真设计和安排，套用现在流行的名词，就是赋能给工作——一个让员工感受到意义和价值的工作，一个可以让员工有权利自主实现的工作，一个能够给员工带来回报的工作——能够持续地给员工带来幸福感。

3.3.1　有意义

通常来说，在企业尤其是在一些大型企业中，员工常常会有渺小感，找不到自己存在的意义。在这种心理的驱动下，人们常常会迷失，工作也缺乏激情。“没有谁都可以”听上去很潇洒，也是很多企业领导者所期望的，但这句话对于员工心态的消极影响是不言而喻的。如果领导者内心仍然秉持这样一种理念，幸福组织就只是一句空话，因为它是不可能由一群可有可无或者毫无存在感的员工组织起来的。

就像战前动员，将军总会告诉士兵们为什么战斗以及战斗的意义是什么，这样才能激发出每个士兵的使命感和自豪感，如牧野之战，尽管商纣王军队人数占优，但士兵们想着这样的战斗只是为了一个人的幸福，所以面对带着满满正义感的周武王的士兵，他们最终选择了临阵倒戈。有战斗力的队伍，一定是富有使命感的。在这个队伍中，每个组织成员都意识到工作的意义和自己的价值，由此他们愿意付出和投入。

1927 年，哈佛大学的梅奥教授和他的同事们在西屋电气公司的霍桑工厂进行工作条件与生产效率实验。实验前，他们假设增加照明度可以提高生产效率。继电器装配生产线上的女工被分为甲、乙两组。甲组照明度始终不变，乙组照明度不断变化。结果两组产量几乎等量上升。之后，梅奥教授又用改变工资支付办法、提前下班、延长工作时间、增加工作休息、供应点心和不供应点心等方式进行实验，她们的生产仍然超出正常水平。

梅奥教授发现，照明度、午餐、工资等不是形成产量变化的原因，根本原因是参加实验的小组认为自己受到公司的重视，因而心情舒畅，人和人的关系也得到改善，从而使她们在归属（属于被实验的团队成员之一）、胜任（可以胜任研究对象）和成就（参加生产、提供研究资料）方面得到了空前的满足，因而生产效率得到提高。这个对管理学理论有重大影响的事件就是霍桑实验。虽然人们可以从许多角度来解读霍桑实验，这里，我们宁愿说参加实验的小组产生了以责任感为基础的激情，她们认为她们代表了霍桑工厂，她们必须有良好的表现。

根本上，让人们能够心潮澎湃的正是个体所承载的崇高使命。使命可以狭义地只针对个体所处的组织，也可以广义地服务于整个国

家和民族，它不是简单地提供一个生存的动力，而是普遍认可的社会责任和社会公义的体现。伟大的使命能够把人们的潜力彻底地调动起来，位卑未敢忘忧国，在使命的驱动下，平凡人也会有不平凡的表现。正向的、积极的使命会给人们带来前所未有的荣誉感；相反，如果一个组织没有为它的成员去确立一个使命，没有为工作赋予意义，大家聚集在一起就是为了领取薪水，这样的组织根本上就是基于利益的乌合之众、一盘散沙。

那么，如何赋予工作更大的重要感、使命感，甚至神圣感？怎样让员工从灵魂深处“爱上”工作呢？关键点是要引导员工去思考工作的意义，而不是把讨论的焦点聚集在薪酬等方面：这份工作对企业有什么价值？有没有这份工作对企业和社会会有什么不同？这份工作的出色完成对社会有什么意义？这些宏大的问题不仅能从内心激发员工对工作的热爱，而且能让员工获得最大的幸福感。看看下面几个例子。

某军工企业连续两年派员工参加海军护航，员工得到最高级别的嘉奖。作为国家军舰动力系统的一部分，该公司产品对国家国防建设发挥了重要作用，员工也很有荣誉感。在公司的庆功会上，领导致辞时，一句“军功章有你的一份”燃爆了整场，经久不息的掌声是大家对自己的认可，也更强化了工作使命感甚至神圣感。

某公司为位于开发区的对口企业做水电气热系统服务升级项目，在启动庆典仪式上，面对几百名刚入职就参与重大项目的工作人员，项目负责人说：当本次项目成功的那天，整个经济开发区将为你们而起舞！这句话瞬间点燃了大家的工作激情，这些天的疲劳和烦闷顿时烟消云散了。

IT（信息技术）行业程序员小王，能够不吃不喝不睡工作 24 个小时，同时乐在其中。他说：当我看到自己把一串串字符和代码变成

了一个个对话框、窗口、网页，通过它们我可以和那些陌生的朋友、客户交流。所以，我一定要让那些字符和代码友好起来，这样我感觉我创造了一个微笑的世界。

员工真心投入热爱的工作，自然付出全部精力去把工作做好。不要把工作简单地看作谋生的手段，企业应该帮助员工努力去发现工作的神圣意义，即每一份工作都是与人类发展息息相关的事情。将工作内容赋予特殊的价值和意义，会唤起人们内心对工作的神圣感和责任感。

某律师事务所律师小陶：2011 年本科毕业后先去的国企，在国企做了 4 年的法务，到前年读 MBA，读了不到一年就从国企辞职了，去了律所，做了专职律师。辞职的原因就是在国企的时候感觉工作特别没有意思，每天一成不变，每月 25 号发工资，25 号感觉很幸福，过了一周又开始感到不幸福了。我还年轻，不想这样过一生，于是下定决心辞职了，去了律所。刚开始当律师的幸福感，是对工作内容的那种好奇心、新鲜感。比如说我刚开始去的时候，跟着他们去银行查封账户、去房管所查封房子、去仓库查封机器、去车管所查封车子、去证券公司查封股票等，各种都经历过，感觉每天都接触新的东西，特别有意思，特别有趣。当然，后来做多了，幸福感就减弱了。现在让我觉得特别有意思的事是，如和电台合作做了一档消费者权益的节目，我们就一些实际的案例给出法律意见，也会回答听众的电话咨询。这个事情没有一分钱，晚上 9 点到 10 点，说实话还有点小辛苦，但我觉得特别有意义。能够帮到一些朋友给他们一些建议，特别开心。司法局让我们去做法务咨询，刚开始大家都不爱去做，因为律师其实有很多事情，如果白天占用你的时间做这些事情，那你晚上就得加班做自己的案子。有一次派我去了，那天来咨询的人还挺多的，做

了三拨咨询，晚上结束以后，我特别有成就感，感觉自己学的东西不是没有用的，不是日复一日地做那些低级的、重复的工作，就觉得自己比较有社会价值，感觉很有幸福感。

工作的意义体现出马斯洛需求层次中个人价值实现的高级需求。人们在工作疲惫之余总会在内心去思考工作的意义。当然，由于认知水平、人生格局、生活经历等的不同，不是每个人都能建立对工作意义的正确认识。这个时候，企业管理者就需要通过深度交流来引导员工建立正确的人生观、世界观和价值观。下面是中国医师协会的宣誓誓词。

"我宣誓：

我志愿献身人类的健康事业；

自觉维护医学的尊严和神圣；

敬佑生命，救死扶伤，平等仁爱，尊师重道；

诚实守信，恪守医德，精益求精，慎思笃行；

以上誓言，源于心，践于行。"

相信这庄严的誓词为从事医学工作的白衣天使不仅带去了责任，更是一种内心的感召，这毫无疑问增加了工作的神圣感，也让它成为令人尊敬的职业。正如塞利格曼所说，"追求有意义的生活，就是用你的全部力量和才能去效忠和服务一个超越自身的东西"。意义会带来更大、更深沉、更持久的幸福感，会超越暂时的困难、郁闷、委屈，激励人们更积极地投入工作中。

回到前面那句"没有谁都可以"，如果再加上一句"但有了你会不一样"，企业应该时刻让每一个员工都感到自己很重要，在工作中探寻到自己努力的意义，这样才能让员工幸福地工作，从而发挥出自己的激情与潜能，进而作出更大的贡献。

3.3.2 有权力

成立于1994年的海底捞，是经营火锅的一家餐饮企业。从食材料理上，也很难说海底捞有什么独到的秘方，但海底捞之所以受到消费者的青睐，很大程度上得益于企业将消费者服务理念通过员工的行为充分表现出来。进一步探讨，员工之所以有饱满的情绪以及周到的服务是因为他们在与各式各样的消费者打交道时，拥有充分的权力。例如，被人们津津乐道的免单权，只要消费者有足够的理由，不用请示店经理，服务员就有一次免单权。要知道，这个权力在几乎所有餐饮企业都是不可想象的。

今天，越来越多的企业开始建立所谓平台意识，在这种意识的驱动下，员工被赋予了更多的自主权，他们可以定义工作，让工作内容组合得更有趣。当下流行的自组织团队就是在一定自主权的基础上，让员工承担起对自身工作的设计责任。撇开那些时髦的用语，就工作设计来说，它是组织结构设计中的子系统，用来支撑部门和组织整体功能的实现。对于中小企业来说，工作设计是粗线条的，员工之间的工作界限并不明显，跨界性的协作经常发生，而对具有一定规模的企业来说，工作设计就十分必要。

在工作设计方面，我们要先来区别两个最基础的概念：工作扩大化和工作丰富化。这两个概念最早是由赫茨伯格提出的，他也是著名的双因素理论的提出者。赫茨伯格认为，工作扩大化是扩大工作者的工作内容，工作丰富化是赋予工作承担者更多的责任和自主权，如保洁员工作中的一项是扫地，扫地的王大姐原本只负责三楼的地面。四楼的李大姐离职后，如果按照工作扩大化的逻辑，经理就会告诉王大姐你不光扫三楼，把四楼也扫了吧。第一天她很兴奋，因为她从来没上过四楼，但是扫了一个月之后她不开心了，毕竟这只是工作的简单叠加，增加任务不能带来激励只能带来疲劳。如果是工作丰富化，就是经理告诉王大姐不光扫地，也可以思考如何科学地扫地，如如何晾干拖把，因为拖把的采购跟成本控制和对她的奖励有关系等。在这种情况下王大姐会认真思考三楼卫生工作该怎么优化，这叫工作丰富化。

相较于工作扩大化，工作丰富化会给人们带来更多和更持久的幸福感，根本原因就在于工作丰富化赋予人们更多的自主权。在组织结构设计方面，今天的很多企业追捧组织扁平化，但是不要忘了，组织扁平化必须通过工作丰富化这样一个微观层面才能够真正落地。《无边界组织》一书特别强调，随着人们对信息的占有以及能力的提升，组织内部的层级边界可以被打破，人们可以被更多地授权。权力下放的背后是要给人更多的决策感和参与感，就像前面说到的海底捞的例子。可以设想，在生活中如果你拥有更多的权力和自由，这必然促使你对工作更有能动性，更加热情而充满信心。

某外企质量检验经理小赵：本科毕业以后，就职于一家法国公司的中国代表处。公司规模不大，20 人左右，同事关系也比较简单，基本上就分为法方和中方。这个公司是一个法国的家族企业，它的经营模式很简单，首先在中国内地采购商品，供应商主要集中在长三角地区，然后运回欧洲进行销售。我们的工作就是在供应商供货之前去提前检验产品质量，符合要求就出一份质检报告，不符合则让其进行整改。商品主要是日用品，目录非常多，所以要经常出差，基本上一周要在 3 天左右，到各地供应商那边去看、去谈。当时去了很多之前没有听说过的地方，像浙江三门、安徽宁国等，基本上把长三角都跑遍了。长三角地区的供应商比较多，尤其温州那边很多典型的家庭小作坊，别看我这职位不高，权力挺大，供应商对我都很客气，我想自己也算真诚，希望能够帮到他们。虽然有时候出差有点辛苦，但一想到那些经过我检验过质量的产品得到欧洲消费者的喜欢，咱自己国家的企业也能发展，就还挺有点成就感的。

某精密铸模公司自从实施了“让员工参与企业事务”的政策以后，取得的效果非常惊人。该企业过去的许多规章制度都是在权威式的管理方式下制定的。员工并没有提出意见的机会，即使提出意见，也不会得到管理者的重视，员工的流动率非常高，缺勤率高达 7%，产品退货率为 3.9%，还时常发生正式或非正式的罢工事件，企业几次险些破产。这时公司改变了原有的管理体制。经过反复讨论和论证，在“员工参与、共同获得”的原则下，建立了新的管理制度。最具代表性的就是“抱怨”登记制度——员工在工作中，对领班的处理方式有意见时，可向相关部门申诉登记，接受申诉的部门必须在规定的时间内给予员工一个合理的解释。活动推行之后，企业状况发生了翻天覆地的变化。

今天，无论管理者是出于什么原因而拒绝员工参与企业管理，这对任何企业来说都是一笔巨大的损失。让员工参与到企业的日常事务和相关决策活动中，不仅能够有效激发员工的积极性和责任感，还能够让企业从中获得难以想象的收益。

一方面，企业通过权力下放，可以调动员工对于工作的积极参与，在一个受到领导信任和关注的工作环境中，员工的工作满意度和敬业度都会大大提升，幸福感自然也就倍增；另一方面，相比年长的领导者来说，今天的新生代员工凭借对互联网技术和资源的熟练运用，他们或许拥有更多的信息，掌握更多的知识和能力，这样就使得组织内的权力下放成为可能。既然应该给予自主权，又能够给予自主权，通过权力下放，让企业和员工都很幸福，何乐而不为呢？

3.3.3　有目标有回报

除了工作意义和执行工作的权力，围绕工作具体展开，还有两个要素非常重要：一个是工作目标，另一个就是工作完成之后的回报。

没有工作目标，员工在工作中就失去了方向，失去了成长的驱动力。工作目标对于员工来说，无异于灯塔对于航海者，它不仅为员工指明了方向，使他在组织中不至于陷入苦闷，又能够产生阶段性的成就感来支撑员工的自信心和幸福感。打一个不太恰当的比喻，目标就像很多电子游戏当中的级别设置，在游戏中，玩家不断努力积累经验就是为了升到更高的级别，以便拥有更强大的能力。工作中，一个员工的职业进步当然也是与他的目标不断达成息息相关。

“90 后”小 C 是一所普通本科大学的应届毕业生，毕业后进入一家大型国企 B 集团。三个月后，上级主管却收到了小 C 的辞职申请，面对领导的疑惑和家人的责问，他给出了简单的三个字：“不适合。”说完就走了。“不适合”背后，有很多隐藏的东西值得挖掘。广告专业出身的小 C 有闯劲，专业技能也不错，想从事一份创意性强的工作，但拗不过父母，“被进入”B 集团，从事行政岗位。最终他还是义无反顾地离开了。他讲出了心里话：“入职后，没人告诉我自己的工作有什么目标和价值。自己觉得不受重视，好像被‘放养’了，培训、入职管理都浮于表面。”有人质疑他“不珍惜”“不知足”“没责任心”，他却反驳：“难道守着一份自己不喜欢的工作、过着自己不开心的生活，就是珍惜？难道按部就班就是敬业、就是负责？”

一位在一家外资企业工作 10 多年的资深员工这样感叹：“我不想成为一个零件或是一个‘复读机’，我希望活出真正的自己，即使薪酬暂时较低，我迫切渴望有一个平台、有一个目标，给我独立思考、解决问题的成长机会，给我成功的希望和灯塔。”

日企优衣库副店长小王：这个工作的幸福感在于它的考核指标很明确，公司对门店的管理过程介入不是很多。但是如果你只是执行层的话就会很辛苦，会有神秘客人来对你进行考核，考核内容和标准都非常细致，比如说地上有几个污渍，陈列面是否整齐，要求一分钟叠30件衣服，而且T恤的叠法有非常细致的步骤。店面主要有5项工作：收银、地面清扫、叠衣服、试衣间和仓库整理，每天的工作时间都是分为五段，结束后会与其他人进行交换，你在规定的时间内如果没有完成自己的工作可能会给接手你工作的人带来压力。作为店长或者副店长，每天要想一个课题，每天排班表，每周根据卖场业绩重新进行陈列等，工作很有挑战性，完成了很有成就感，而工作又是很丰富的。

在幸福组织建设时，目标不仅要明晰清楚，还应该具有挑战性。组织目标具有挑战性，更能刺激员工的工作状态，调动员工的潜能和工作热情，促使他们提高自己的素质。通过一定努力才能够实现的目标，必然会给员工带来更大的幸福感。让我们来看下面两个“挑战带来幸福”的例子。

银行销售客户经理小刘：“我从小就对金融比较感兴趣，大学毕业以后就去了银行。当时有两个岗位：一个是做内勤只负责发放贷款；另一个是做客户经理，完成营销业绩。我先被安排做内勤的工作，有一次印象特别深刻，就是一个人发放一个团队的贷款，抄了上万份合同，工作很辛苦，感觉特别没有幸福感。去年转到客户经理以后，做营销岗位的幸福感是完成多少业绩就能拿多少钱，更有挑战性。我喜欢与客户接触，每个人都不一样，工作起来必须认真动脑筋，有时候还真的挺麻烦，但是搞定他们签下合同时真的很开心。”

从事金融招商的李先生：“招商工作需要接触很多不同的行业，

需要懂的很多，还需要经常与不确定性打交道，处于战备状态。幸福感来自面对不同的挑战，能够给出让客户、领导、同事、自己都满意的解决方法。对外资企业，需要从中国开始做介绍，再到天津，然后是滨海新区，把功课做足了以后，才能吸引企业来这边投资。我亲身感受到了民企和大众创业所遇到的困难，站在政府的角度我希望能够帮助他们、为他们服务。国内一家著名的婚恋网站当时要做自己的 App（手机软件），谈了好多轮，最终我们帮它们解决了员工招聘、落户等问题，帮它们拿到了天津企业的营业执照，让我感觉很幸福。”

一个人在完成工作任务后总希望尽快了解自己的工作结果、质量、数量、社会反应等。好的结果会带来满意和愉快的情绪体验，给人以鼓励和信心，使人保持这种行为，继续努力；坏的结果能使人看到不足，通过改进和完善，争取下一次能够有好的结果。及时的反馈才有意义，没有反馈或者迟到的反馈就失去了改善的机会。另外，在工作反馈基础上，企业还应当让每个员工都清楚，企业是不会亏待那些真正努力的员工的，正如华为公司所倡导的“以奋斗者为本”那样。每个人都希望别人尊重自己，渴望得到公正的回报，这构成了人的内在动力，给予员工合理回报就能够引导员工更加主动地、努力地投入工作。

国内某大型律所坚持“大平台”战略，抓住了法律行业发展的重大转型机遇，吸引了众多有闯劲、精力充沛、能力一流的年轻律师。他们的做法是：一是充分放手让他们去创新；二是制定做人、做事的制度规矩，认真服务客户，绝不坑蒙拐骗，律师与律师、律师与客户、律师与律所之间是合作共享关系；三是在不断做大之后，在转型升级过程中，坚持走专业化路线，律师有两年时间过渡期，之后要自己选择进入哪个专业部门，否则自然淘汰。个体的工作表现与他的职业成长捆绑在一起。“工作表现一定会得到公平的回报，我们不担心自己的努力没有结果”，这种“能者上庸者下”的措施尽管有着较高的淘汰率，也营造出竞争的氛围，但塑造出了该律所在行业中的招牌特色，吸引了大量追求成功、追逐梦想的年轻人。

积极、及时的工作回报非常重要，就好像我们在大山深处的呼喊总能得到回音一样。这样的积极状态会建立正向的反馈机制，有力地促进员工的幸福感。领导者一次、两次的沉默或者没有任何的表示，工作干好干坏结果一样，那么，再有激情的员工也会冷淡下来。这不是个小事情。

工作有意义、有权力、有目标、有回报，这就使得员工面对的不是生冷的岗位职责，而是与他的行为有互动的组织规则。通过这种积极的互动，工作就真的可以成为员工的一个伴侣。如果能够实现这一点，员工就会在工作中寻找到幸福感。这样一来，工作就不再是养家糊口的手段，而是生命中不可或缺的一部分。

本章讨论的是幸福组织的第二个构成要素：工作。员工在组织内的幸福感首先是由工作本身带来的。工作环境对身处其中的人有着巨大的影响，认识到这一点，组织需要重视工作的整体设计。对于高层领导者来说，他们的注意力可能更多地放在公司治理结构和组织架构方面，对具体的工作环境设计常常关心不足，这对于员工幸福感来说会有很大的影响。夯实工作环境首先是要使工作场所安全健康，这是最基本的条件，在此基础上，消除可能的事故隐患，注意预防由工作带来的潜在职业病，舒缓员工心理压力。除了物理环境优化之外，企业不应该忘记给工作注入意义，赋予员工充分的权力以完成工作，给员工明确工作目标和应该的回报。这样一来，员工会爱上工作场所，会爱上工作，工作也就成为员工幸福的关键来源。

第 4 章

让追随幸福起来的领导力

在一个企业中，对员工状态影响最直接也是最大的就是他的直接领导者。或许企业政策很有吸引力，最高领导层也非常具有人格魅力，但是每天接触的却是无法忍受的直接领导者，这样的员工依然是不会有幸福感的。从企业角度，优化各级领导者，使他们都具备必要的领导力，因为领导力的状态直接决定了员工幸福感的状态。

经营环境的变化使得领导者的权力正在发生转移，只有清醒地认识到这一点，才能有针对性地提升和优化领导力，从而打造出充满战斗力的幸福组织。面对由越来越多新生代员工构成的追随者，领导者需要投入更多感性的力量，满足他们的合理需要，真正做到以人为本，使幸福成为追随的驱动力。同时，领导者还必须切实营造出良好的团队人际氛围，毕竟，员工都是在一个团队中工作。相互信任、相互欣赏以及积极地处理不可避免的冲突，这些都在实际地考验着领导者能否打造出幸福的工作团队。

4.1 领导力意味着幸福

幸福组织要求各级主管都应该具备一定的领导力，他们的领导力直接影响着员工的日常表现。建立广泛的领导力系统能够将员工对组织的归属和热爱更加具体化。今天的领导者一定要特别注意的是：领导对象已经发生改变，如果仍然简单地沿用传统的方式，下属恐怕就不能够真心追随，因此领导者的权力必须作出相应的调整。尽管领导环境越来越复杂，但是领导的两个行为维度从来没有改变，经典的领导方格理论很明确地告诉领导者，认真思考并校对自己的行为，战斗集体型领导才是最终目标。

4.1.1 广泛的领导力

导致员工流动的原因有很多，其中一个重要原因是基层管理者缺乏领导力。通常来说，不是企业的薪酬不够吸引人，也不是工作条件不够优越，而是因为无法接受直接领导的领导方式。创造幸福组织，必须站在企业的角度进行领导开发，系统提升企业的整体领导力。如果企业每个层面的领导者都具备了一定的领导力，那么，这个企业就是一个充满活力、拥有无限可能的、高度吸引人的企业。

为了实现这个目标，首先要破除一个普遍的误解，就是认为只有企业的高层管理人员才是领导者。企业中的高层管理人员，由于他们所处的地位，容易产生影响力，因而经常被人们视为领导者。但实际上只有那些能把别人吸引到自己周围来的高级经理，才是具有领导能力的人，才能被视为领导者。所以，高层管理人员不一定都是领导者，有些人充其量只能被定义为只会机械执行指令的管理者。而在企业基层，也不一定没有领导者。即使是基层专业技术管理人员，有时也需要在他们的岗位上发挥领导作用。例如，为了更快地对市场信息作出反应，工程设计部门必须学会如何从生产和市场部门来获得消费者对于产品的意见。尽管很多企业都有正式的沟通渠道，来保证来自市场和生产部门的信息能尽快传达到设计部门，但实际上，如果设计部门的技术人员缺乏基本的领导能力，他们将无法得到其他部门的充分配合。其实，从基层的班组长到高层的总经理，在企业的各个层面上，都需要各种各样的领导者。所以，通用电气公司前任总裁韦尔奇说，领导的力量散落在企业的各个角落，组织的每一个成员都有领导的机会。也就是说，领导者不仅存在于企业的高层，优秀的企业应该使领导力表现在企业的每一个层面，只有这样，企业才会充满活力和具有进取心。

另外，一说到领导，大家就容易将这个问题神秘化，尤其是经常将领导上升到“艺术”层面。或许成为一个卓越的领袖级人物是不容易的，但是成为一个普通的领导者并没有那么困难。那么，一个普通的优秀领导者应该具备怎样的素质呢？这个基本的问题是领导学研究中最古老的流派也就是领导特质理论持续关注的焦点。

领导特质理论认为虽然优秀的领导者千差万别，但还是有一些共性的地方值得总结。例如，有研究发现领导者不同于非领导者的六项特质是进取心、领导和影响他人的欲望、正直和诚实、自信、智慧、与工作有关的技能；也有研究发现卓越的领导者一定是重承诺、令人信任、高瞻远瞩且具备信心、智能、责任感、勇气、抱负、同情心等多项素质的。类似的研究总结前仆后继，到今天仍然有很多研究者乐此不疲。纵观围绕领导者特质的相关研究，会发现因为研究样本的差异，研究结果也不尽相同。篇幅所限，以幸福组织建设为导向，本书认为以下 3 个素质对于领导者来说是重要的。

（1）坚定的信念：坚定的信念是实现目标、取得优异成绩的精神保证，它也是一个优秀领导者的必备条件。环境的复杂性使团队要经受住各种各样的考验，它既可能是前进道路上的诱惑，也可能是各种意想不到的困难险阻。没有坚定的信念，领导者就会迷失方向，就会气馁。坚定的信念来自对事业的执着，而这份执着使他能够在困难的时候仍能坚持下来。当别人都动摇、缺乏信心时，他依然能够坚持下来。同时，他还必须把这种执着传递给团队的每一个成员。当每一个团队成员都能够有坚定的信念时，这个团队的战斗力不仅能够最大化，而且团队能够以乐观的心态面对困难。虽然艰苦，但是幸福。

（2）以身作则：一个领导者必须要言行一致、严于律己。在实际工作中，领导者平等、真诚地对待所有的团队成员。要求团队成员做到的，领导者首先应做到。领导者不仅是带领队伍实现目标，还要根据社会的要求与行为规范，培养团队成员的良好品德与行为。因此，领导者本人应首先是社会的模范公民，用自己的人格力量教化团队成员。“其身正，不令而行；其身不正，虽令不从。”《孙子兵法》所谓“将者，智、信、仁、勇、严也”也特别强调了严于律人的基础是严于律己。在组织内，幸福一定包括对人格完善的认真追求和更高层次的行为标准。试想，如果领导者不能成为组织的模范，他又怎么可能建设起高水平的幸福团队呢？

（3）学习：单凭经验的领导是不能长久的。当下属很快掌握了那些经验时，领导者的影响权就势必会被削弱。另外，环境的变化也会使曾经积累的经验失去价值。所以，如果领导者不注意学习，他就无法有效地影响和控制团队成员。更为严重的是，如果领导者不注意学习，团队成员也一定不会把学习当回事。时间长了，整个队伍的素质和能力就不能适应环境的要求。所以，领导者不仅应具备必需的知识，更加重要的是，他还必须拥有一种学习的心态。领导者必须通过不断的学习来发展自己，才能带领团队持续进步。事实上，在一个瞬息万变的世界，只有思想上不断接受新观念、不断寻找机会学习和发展的人才会获得成功。没有哪个被落下的人会有幸福感。

这 3 项素质没有一个是神秘的。坚定的信念为下属带来勇气，以身作则为下属树立榜样，学习让领导者和下属都保持积极向上的状态。在这样的领导带领下，一个团队就自然而然地幸福起来。

从未来发展的角度看，企业各个层面广泛的领导力是应对变化最重要的内部能力。人们经常举的例子，高速动车之所以比普通火车速度快，是因为每节车厢都能够提供动力。建立广泛的领导力其实是一件并不轻松的任务，它需要扎扎实实的工作来激发各层领导者。就好像一棵枝繁叶茂的大树，一定是有着非常发达和健壮的根系，虽然你看不到它们，但它们却是最重要的支撑。那些基层领导者不会叱咤风云，也不会耀眼夺目，但他们每天都在实实在在地影响着身边的员工，只有他们的领导是有效的，才能让整个组织更加稳固。从这个角度可以毫不夸张地说，组织广泛的领导力是整体幸福感的保障。

4.1.2　领导权力的转移

组织行为理论已经十分经典地、清晰地界定了领导者权力的构成，它们是法定权、奖励权、惩罚权、专长权和个人魅力影响权（图 4-1）。根据权力的性质，通常把这 5 种权力分为强制性权力和自然性权力两类，前 3 种属于强制性权力，后 2 种属于自然性权力。

1. 强制性权力

强制性权力是随着领导者所担任的职务而来的。一个人担任了某个职务，便获得了这个职务的法定权力。一般来说，这种权力带有强制性，它主要是由社会或组织赋予个人的职务、权力和地位等构成

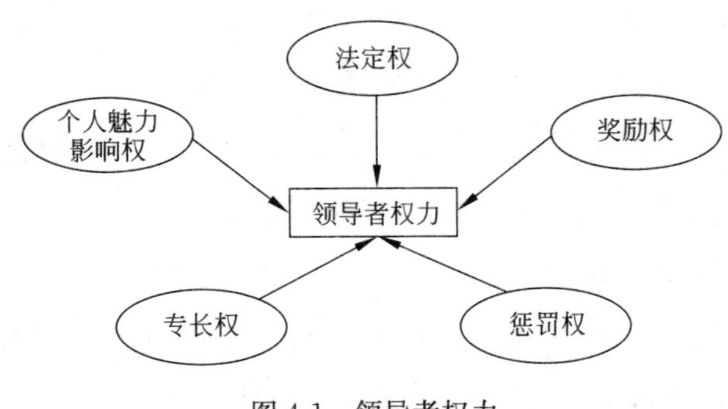

图 4-1 领导者权力

的，下级不能随便不接受领导。这种影响力，并不是人人都有的，在企业里属于管理者，在军队里属于长官，在家庭里属于家长。总之，它通常属于职位和权力的拥有者。强制性权力的特点在于它对人的影响带有强迫性、不可抗拒性，它对人在心理和行为上的影响，主要表现为被动和服从。强制性权力包括以下 3 种。

(1) 法定权：这是指在正式组织中，居于某种领导地位的个人所具有的强制性权力。这种权力是上级组织赋予的，它本身带有法定的性质。法定权之所以会造成影响力，是由于社会规范和人们的传统观念决定的。因此，法定权影响力，主要取决于个人在组织中的地位。一个领导者在组织中的地位越高，他所拥有的法定权影响力也就越大。

(2) 奖励权：上司有奖励下属的权力，下属只要服从上司的意愿，便会获得积极的奖励。这种奖励可能是物质的，如工资、奖金、实物等，也可能是非物质的，如表扬、晋升等。凡是手中握有能够满足别人需要的物质和非物质手段的人，都具有这类影响力。人们为了获得奖励而愿意接受他的影响。

(3) 惩罚权：这是一种建立在惧怕基础上的权力，当一个人握有能使他人不愉快，甚至是痛苦的手段时，便获得了这种强制性权力。

人们为了避免惩罚而被迫接受或服从上司的要求。

2. 自然性权力

权力的另一个构成要素是自然性权力。它与强制性权力是不同的，自然性权力不是外界赋予的那种奖励和惩罚别人的手段，而是产生于个人的自身因素，也就是人们常说的个人“威信”。它是由于领导者自身具有良好的表现而受到下级由衷的敬佩，并依靠自己的威信和以身作则来影响别人，从而起到领导的作用。生活中常常有这种现象：一个知识渊博待人可亲的人，他的话别人往往听得进；在车间里，一位受尊敬的老师傅讲话往往会比班组长甚至车间主任还管用，其原因就在于他自身的因素所造成的自然性影响力具有较大的信服性。自然性权力包括以下两种。

(1) 专长权：就是说个人具有某种知识、技能和才干方面的专长，并在与他人的交往中，赢得他人的尊敬和信服，下属一般也更愿意支持这种行家或专家来做他们的领导。从一定的意义上来说，由专长所构成的自然性影响力作用最大，对人产生的心理影响最自然，也最不可抗拒，由它所带来的行为动力也最为积极。

(2) 个人魅力影响权：就是领导者在与他人的交往中，所表现出来的一种或多种优良品德。一般认为，优良的品德能够给人们带来自然影响力。一位品德优良的领导者，不仅能够赢得人们的敬佩，而且人们愿意接近他。敬佩就是一种甘愿接受对方影响的心理倾向。例如，同样一番道理，让一位英雄模范人物来宣传就比用一位普通的人效果好，这主要是因为前者具有良好的品质。

在现实生活中，这两种非强制性影响力对领导者的作用和威信往往具有很高的价值。自然性影响力的特点在于，它对别人所产生的心理和行为影响是自然的，是建立在使人感到是“对的”、是“应该的”，即信服和敬佩的基础上。它并不使人感到是一种压力，而是通过潜移默化的自然过程变为他人的内驱力，并在行为上表现为自愿、主动。因此，它对人能产生很大的激励作用。

领导者对下属的影响可以来自全部这 5 种权力，也可以来自这 5 种权力中的几项，这主要与领导者自身的状态密切相关。例如，当一位空降的领导者还不具备充分的和令人信服的法定权、奖励权和惩罚权时，尽管他拥有组织赋予的管理者地位，但并不意味着他一定具备有效的领导力，而真正能让他对下属产生影响的权力可能来自其新鲜的知识以及开阔的视野。一位年长的、资深的领导者完全可以通过个人魅力来影响组织内部成员，他的一言一行甚至可以成为组织成员效仿的对象。领导者如果对自身的状况缺乏清晰的判断，很可能就会遇到问题。以前面提到的空降领导者为例，如果他一味地强调法定权，并试图通过法定权来建立威信，他的做法很可能就会招致下属的反感；而如果他能适时地展示他的知识和眼界，他会更加容易融入组织中。

当从权力模型的角度去审视组织成长时，我们不难发现大多数创业者都是依靠专长权和个人魅力影响权来组建创业企业。最典型的例子来自 IT 行业，无论是 Yahoo、松下、微软、惠普，还是 TCL、网易等，这些组织的创建都是基于创始人的技术专长。但是，随着组织规模的扩大、技术复杂性的增加，创业最初的技术专长将逐渐被分解和深入。于是，凡是能够持续发展的组织，其创业者都能够把以专长权和个人魅力影响权为基础的影响力转向以奖励权和惩罚权为基础的影响力。换句话说，创业的激情有效地被制度的激情所替代，只有这样，组织才能够持续发展。松下幸之助，以自己所擅长的灯头制造起家。1931 年，他就开始施行基于单个品种的事业部制，松下幸之助知道，许多技术已经走出了创始技术，他需要通过自主经营的体制来获得更加优秀的人才并保持人们的创业激情。正是这样良好的权力过渡才使松下幸之助建立起庞大的商业帝国。

已成为某企业副总的夏先生年轻时曾经在一家大型国有企业担任董事会秘书处副主任，遇到一位特别出众的直接上司，夏先生当时的心愿就是好好在这位上司身边学习 3 年，哪怕职位、薪资不变，也甘之如饴。“曾经有一个股权转让项目，当时我把拟好的协议发给了对方公司负责人之后，就向上司做了汇报，他的第一反应令我非常吃惊——他让我马上开车过去找对方阐明协议。他告诉我，重要的事情一定要在别人形成自己的看法之前去影响别人，才能赢得主动权。走过 20 多年的职业发展历程，我今天的成功离不开他的栽培，这样愿意手把手教你的上司值得拥有。”主管领导带给员工的幸福感，常常来自工作方法、思维方式、思想观念、胸怀气度方面的熏陶。

从权力的角度来看有效的领导，就是领导者会根据领导情境，尤其是被领导者的状态来选择合适的权力组合。回到今天企业的领导情境，很明显，被领导者与以往有了很大的不同。伴随互联网成长的新一代，他们有着丰富的信息和知识、挑战权威、关心自我，单纯的强制性权力不能使他们产生心悦诚服的追随。领导者不能简单地依靠强制性权力来发号施令，必须通过自身不断的学习，不断提升知识和修养，使自己能够成为被领导者心中的“偶像”，通过自然性权力构建坚实的影响力基础。如果说对于“60 后”“70 后”，强制性权力具有良好的效果，那么对于新生代员工，他们更希望追随自然性权力的领导者。可以说，客观现实要求领导者权力从以强制性权力为主转移到以自然性权力为主。

领导者对于这种权力的转移要非常清醒。当然，在今天的领导情境里，强制性权力并不是就完全没有作用了，只是它们不像以前那么威力巨大了。作为被领导者的新生代员工，他们更加看重领导者的能力和品德，他们会因为领导者的专长和魅力而发自内心地追随，这样的追随本身就是幸福的。

4.1.3 战斗集体型领导

是否有一种最有效的领导方式？尽管领导理论已经非常体系化，而且内容非常丰富，其中提供的领导方式也多种多样，但是究其实质，领导始终没有跳出经典理论所描绘的基本框架。从领导行为角度，20 世纪 40 年代产生了领导者个人行为理论。因为较之于个体特质，行为更容易观察和塑造，所以，领导者个人行为理论从行为方式来探索成功的领导模式。其中比较有代表性的研究理论为美国俄亥俄州立大学的“领导行为四分图”和领导方格理论。

1945 年由美国俄亥俄州立大学提出的“领导行为四分图”为领导者个人行为理论奠定了基础。该校研究人员将领导者行为分解为两个方面：“抓工作组织”和“关心人”。“抓工作组织”是以工作为中心，领导者为实现工作目标，规定自己和下属的任务，包括进行组织设计、明确职责关系、制订计划、建立信息途径、确定工作目标等。“关心人”是以人际关系为中心，包括建立互相信任，尊重下级的意见，注意下属的感情、需求和问题等。他们以“抓工作组织”为横坐标，以“关心人”为纵坐标，通过这两个维度的组合就区分了领导者的四种行为，如图 4-2 所示。

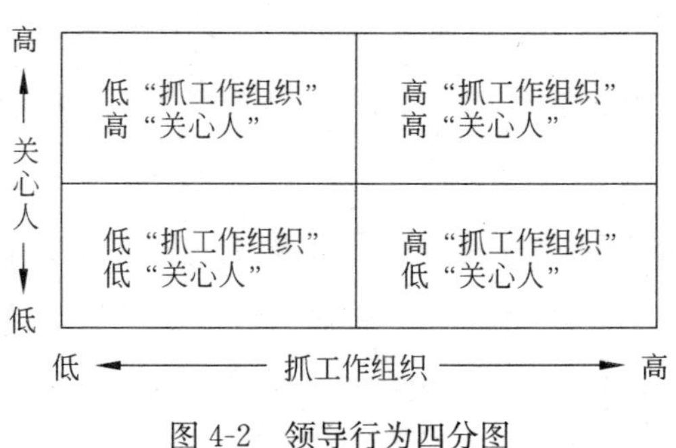

图 4-2 领导行为四分图

从图 4-2 可知，如果一个领导者是“高抓工作组织，低关心人”，那他最关心的是岗位工作，如组织设计等。相反，一个“低抓工作组织，高关心人”的领导者，他会更多地关心上下级之间的密切合作和良好的人际关系等。在这四种领导风格中，研究者们认为“高抓工作组织，高关心人”是最佳的领导行为。

简洁的领导行为四分图已经清晰说明，一个优秀领导者必须具备处理工作和人际关系两种能力。在此基础上，领导方格理论又进一步发展完善了领导行为理论。领导方格理论是由美国得克萨斯大学的行为科学家罗伯特·布莱克（Robert R. Blake）和简·莫顿（Jane S. Mouton）在 1964 年出版的《管理方格》一书中提出的。领导方格图的提出改变以往各种理论中“非此即彼”式（要么以生产为中心，要么以人为中心）的绝对化观点，指出在对生产关心和对人关心的两种领导方式之间，可以进行不同程度的互相结合。领导方格图如图 4-3 所示。

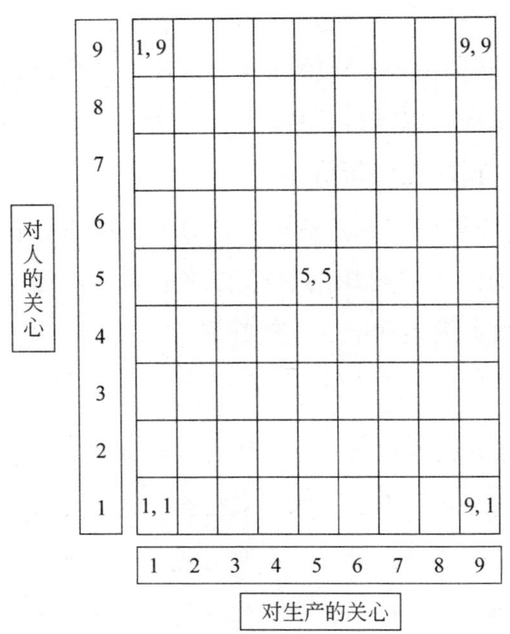

图 4-3　领导方格图

这是一张九等分的方格图，横坐标表示领导者对生产的关心程度，纵坐标表示领导者对人的关心程度。两条坐标轴各划分为由 1 到 9 的标尺。整个方格图共有 81 个小方格，每个小方格表示“关心生产”和“关心人”这两个基本因素不同程度地相组合的领导方式。布莱克和莫顿在方格图中，列出了 5 种基本类型的领导方式。

（1，1）贫乏型领导：领导者对员工和生产几乎都不甚关心，他只以最小的努力来完成必须做的工作，这种领导方式将会导致失败。

（9，1）任务型领导：领导者集中注意生产任务和作业的效率，注重计划、指导和控制员工的工作活动，以完成企业的生产目标，但不关心人，很少注意提高员工的士气。

（1，9）俱乐部型领导：领导者集中注意对员工的支持和体谅，强调满足员工的需要，努力创造一种舒适和睦的组织气氛与工作环境，使人心情舒畅，像俱乐部一样就能把生产搞好，但对规章制度、指挥监督、任务效率等很少关心。

（5，5）中间型领导：领导者认为应使工作任务的完成与员工的满意状况保持平衡，以求得正常的绩效水平，只追求正常的效率和基本满意的士气，但缺乏创新精神。

（9，9）战斗集体型领导：领导者对员工、生产都极为关心，努力使员工个人的需求和组织的目标有效地结合，建立命运与共的友爱集体，因而员工关系和谐、士气旺盛，会进行自我控制，生产任务完成得极好。

某股份制银行团队经理小林：什么样的领导更好？之前 4 年我的上级领导是个刺儿头，在我们银行从上到下都出名了。他对员工的管理就是完全掌控的那种，对你的行程安排得很详细，你必须完全听他的指挥，他来电话让你现在去干吗你就得去干吗。他对员工以批评为主，而且有一个特点就是每年就逮着一个人批评。这么多年就没有人能扛住他的这种压力。有一次，他把一个客户经理从早上 9 点批评到下午 3 点，有的客户经理甚至直接跟他说“我忍不了你了”，每年我们部门的流动率都比较高。但是我还要说说他的优点，他算是靠自己的努力一点点从客户经理干到现在的行长，从 20 多亿存款做到现在 50 多亿，也是行里有名的“拼命三郎”。有一次开会他说，“我问一下大家，你们都是客户经理啊，你们现在一周陪客户喝几次酒？我可是一周五次啊”。他就是每天都要安排各种行程，付出了很多很多，大家也很服气。

某快消品公司经理小高：就是有一种人特别仁慈但是什么都不管，还有一种人是特别不仁慈，但他管事儿，还有一种人就是他又不仁慈但他还什么事儿都不管。就比如说我们单位的，女领导，45 岁，正在闹离婚。心情不好这可以理解，但是她经常会控制不住自己，对我们的批评有时候真的有点过分。一次，我们一个新来没多久的小同事，可能是因为谈朋友聊天吧，被她看到，这顿批评也太严厉了，人家面子上都熬不住了。这也没什么，关键是作为部门主管，你总得为下属争取些利益吧，好像她完全也没这种意识。拿涨工资来说，别的部门人家主管帮员工争取，她完全不上心啊。这让我们感觉心底拔凉拔凉的。

布莱克和莫顿提出领导方格理论，比领导者行为四分图的模式前进了一步，领导方式可以经由两种因素不同程度地组合，从而避免领导工作趋于极端。领导者可以坦诚地自我评价对生产的关心程度和对员工的关心程度，在图上寻找交叉点，这个交叉点就是他的领导倾向类型。领导方格理论明确指出，领导优化的前提是知道自己的状态，这样，就能知道未来的努力方向，因为最佳的领导方式显然就是战斗集体型领导。无论是领导者还是员工，都希望在这样的氛围中：既可以完成工作任务，也能够拥有幸福的组织。

面对不确定的环境以及变化的被领导者，提升整体领导力是企业发展的重要支撑。未来领导者影响力的主要来源是专长和个人魅力，专长用以指导员工的工作，个人魅力用以关心员工的成长，这样权力和行为结合就可以锻造出战斗集体型的幸福组织。

4.2 从领导到追随

领导是领导者与追随者之间的互动，而不是领导者单方面的行为，也就是说组织中出现的领导行为是由领导者行为和追随者行为共同组成的。单纯地强化领导者一侧，整体的领导效能不一定能够实现。遗憾的是，目前人们热衷于讨论领导力，对追随者的思考还很不充分。从追随力的角度看组织中的领导问题，不是“为什么我们缺乏领导力?”，而是“人们为什么不追随了?”。在今天这个人与人之间越来越理性以及契约精神大行其道的状态下，情感就显得更加珍贵。领导者和下属建立关系时需要把情感放在优先的位置，这样“以人为本”形成的关系往往比双方的合同会产生更加深刻的约束，也能够让下属更坚定地追随。

4.2.1 领导者与员工的关系

领导者应该与员工建立怎样的关系以使他们更加优异地表现?这个问题与当年齐宣王请教先贤孟子的问题没有差异。当时，齐宣王希望能够得到大臣们的认同和积极投入。孟子的回答是“君之视臣如手足，则臣视君如腹心；君之视臣如犬马，则臣视君如国人；君之视臣如土芥，则臣视君如寇仇”。这番记载入《孟子·离娄下》中的谈话很清楚地为我们界定了领导者与组织成员关系的3种情况。虽然组织当中的领导者和组织成员的关系不能用古代所谓的“君”和“臣”来概括，但并不妨碍我们从中获得借鉴。

(1) 手足与腹心：没有哪一个企业的成功只靠领导者自己，领导者必须依赖于一个紧密团结的集体。这个集体是以高度信任维系的。这就意味着领导者必须与一些员工建立非常紧密的关系。否则，领导者就真的成了孤家寡人了。领导者把员工看成是自己的兄弟姐妹，那么作为回报，员工也就能够为领导者肝脑涂地。领导者将心比心的做法能够建立与员工的亲密关系。在这种关系下，员工对领导者高度忠诚，领导者也能够把重要事情托付他们去办理。

只是，组织规模会影响到这种关系的范围。如果领导者试图将这种关系发展到整个组织层面，不免就会产生挫败感。所以，我们经常会听到有些领导者抱怨，“我对员工不错了，怎么他们还不尽心尽力呢?”其实在许多情况下，针对组织所有人建立手足关系根本上是不可能的。

(2) 犬马与国人：这里，我们可以把“犬马”定义为单纯的工作关系。而所谓“国人”，按照朱熹的解释就是路人，彼此之间既没有什么积极的感情，也没有什么消极的感情，大家只是按照职业规则办事而已。企业领导者如果把组织成员看成是实现组织目标的必要，那么他与组织成员之间就是一种非常清楚的、有既定规则的交易。

领导者不能指望所有人都为组织提供全面的贡献，组织内部的大多数员工和领导者之间就是简单的工作关系。企业领导者只需要付出基本的感情也就可以了，没有必要有太多的期望。

(3) 土芥与寇仇：领导者如果在心目中极端轻视员工，那么员工对领导者就会产生憎恶甚至仇恨的情绪。这种情形似乎普遍地存在于一些组织的合同制员工中。他们不仅没有得到同样的报酬，还必须忍受相当大的心理压力。更为严重的是，轻蔑心态还会引发领导者对某些员工的歧视心态。这样一来，在长期心理不公平情形下的员工，就会对组织心存不满。员工不会因为工作机会而感激领导者，他们的心理还会向另外的方向发展。

组织内情感关系如果发展成为第三种情形，那将是相当危险的。尤其当组织面对困难或企业领导者遇到压力的时候，他不仅不能从员工中得到支持，相反他会发现自己将面对十分窘迫的情形：众叛亲离，墙倒众人推。

尽管我们不能说先贤的论述涵盖了领导者与员工的所有关系，但孟子的论述一方面说明领导者与员工二者关系存在着对等，也就是说，如果领导者做得好，他就能够得到员工的积极回报，如果领导者做得不好，员工也会以消极的态度给予回应；另一方面他还解释了一个非常重要的问题，就是谁应该付出在先的问题，也就是谁为因、谁为果的问题。有关类似问题的争论是不会有结果的，我们更愿意请领导者按照古代先贤的逻辑付出在先。如果我们认可这种次序，员工和领导者关系的良性建设就有了操作的可能。

小马是公司财务部经过几轮筛选后入职的新员工，主要负责审计。公司因为要筹备海外上市，每个人都是超负荷运转，雄心勃勃的小马也希望在这场“上市”硬仗上充分证明自己的工作能力。可计划没有变化快，小马突然得了阑尾炎，病虽不大，但手术前后至少要休养两周，这个时候掉队，给公司带来的损失是巨大的，她负责的工作涉及保密性和专业性，很难借调其他部门同事。这样的情况下，领导只说让她回去安心养病，回头再说。小马明白：非常时期，整个部门每个人都不轻松，公司最好的方法就是重新招聘一个新员工顶替她。两周的休养过后，已经做好辞职准备的小马，却迎来了经理的热情问候：好好努力，前面的困难时期我们帮你应付了，公司看好你。原来，她病倒后，公司立即召开紧急应对措施，确实有重新招聘的想法，但是部门经理和总经理沟通后，发现小马的工作专业性很强，再分配给任何人都不合适，一向重视人才的老板也不想轻易放弃小马这个人才，最终她的部门经理决定由她分担小马这两周的工作。理性而又职业化的小马落下了幸福的眼泪。这件事让小马明白了：职场化不等于机械化，不是简单的交易，这份领导关怀不仅留住了小马这个人，更留住了小马的心。直达人心的关怀倒不见得是多么的高大上，日常工作中的相互担当和承诺更有利于建设富有人情味的组织。

需要再次说明的是，领导者与员工的关系建设的主动权在领导者一方。即使不能与组织内的所有成员建立密切的兄弟感情，也要和部分员工保持密切关系，以得到适时的支持，而对待大多数员工就可以通过工作关系维系。那种轻视员工的态度是最要不得的，因为那不仅不能带来支持，而且会产生不良情绪。

4.2.2　感性的以人为本

组织内的人际关系当然是以契约为基础的，但是正如霍桑实验所揭示的，在生产作业过程中，员工虽然会像机器一样按照操作规范进行行为，但和机器不一样的是人们不可避免地会投入感情。人是有感情的，如果组织管理者能在感情上与部属沟通，就能利用感情的力量激发他们的工作热情，实现更优异的工作成果。霍桑实验还发现员工的士气、生产积极性主要取决于员工与管理人员以及员工之间的关系，而非工作条件等物理环境。这一结论相当具有震撼力，说明企业不是一些生产要素的拼凑，而是有情绪、有需要的人的集合，所以，领导者不仅要掌握具体的计划、指导、控制等技能，更应该具有激励员工的工作热情、了解员工的情感与需要并驾驭他们的能力。

在情感建设方面，日本企业一直被认为是典范。日本企业注重对员工的“感情投入”，尽可能创造宽松和谐的工作环境，给员工家庭式的情感与关怀。索尼公司创始人之一兼名誉会长盛田昭夫就认为，企业的一个主要使命就是培养企业与员工的关系，在组织内创造一种家庭式的情感氛围，培养企业与员工同甘苦、共命运的情感。为此，企业通过每年的赏花会、忘年会等活动，加强与员工的沟通和交流，使员工有归属感。注重情感的领导者，在润物无声中营造出幸福的团队氛围。

像日本企业那样，越来越多的中国企业也都在努力通过营造“家”的感觉来获得组织成员的归属。当组织成员对组织充满感情，认同组织是一个可以信赖的家，自己是家庭的一分子时，组织成员就具备了情感性归属。在员工忠诚降低以及越来越不重视组织与员工情感的今天，认真思考并努力进行情感建设是非常重要的。

于是，“以人为本”就成为一个经常被领导者挂在嘴边的词，在某种程度上，它甚至是人力资源管理建设的标志性口号。然而，以人为本除了给企业带来一些时尚的色彩外，又有多少企业能够真的去实践它呢？把理念化的以人为本落实到实际的管理行为中，最关键的就是企业必须尊重人的需要并适当满足。

所谓尊重需要，就是首先要承认人们会有需要，然后站在他们的立场上去理解这种需要。当人们正常合理的需要被公开承认时，以人为本才有了基础。可是在东方文化背景下，因为担心需要被拒绝或是被其他组织成员识别，人们不是非常喜欢直接地讨论需要，但这绝不意味着大家就没有需要。为了满足个人的需要，人们经常采取隐蔽的或者是低效率的方式，这些对组织整体通常是不利的。

事实上，满足人们的需要，当然是被企业认可的合理需要，不仅不会制造问题，反而能疏导员工心态。这里，需要特别指出的是，有效的组织应该有规则地、稳定地满足人们的需要。如果能够稳定地满足员工的需要，企业就能有效地影响员工的需要。员工就会知道什么样的需要在企业内一定可以满足，而什么样的需要是企业不能满足的，这在一定程度上也有助于控制员工的需要。一些无效的组织，通常是在人们的需要满足方面没有一个规则。当组织内的每一个人都认为自己的需要是合理的，这时的组织即使筋疲力尽地试图满足每一个人的要求，那也一样不是什么以人为本。

所以，我们不能把以人为本简单地理解为重视和尊重人，也不能把它理解为重视和尊重人的成长或发展。更准确地，以人为本是尊重人们的合理需要并适当满足。如果这样想，以人为本就可以从口号或理念变成可执行的所谓人性化管理。

小王是去年中秋节前不久加入的公司，刚刚进入公司的她就赶上了公司发中秋节福利，而且是现金！这样的情况给了她一个不大不小的惊喜。首先她没想到作为一名刚刚进入公司的员工，还处于试用期，她的领导就帮她申请到和老员工同样标准的福利待遇；其次就是公司发的是现金，相比于她原来工作的公司在中秋节、春节等节日的时候所发的福利更加人性化一些。原来公司的福利大多数都是米、面、油之类的东西，她说这样的重量超过了女士一个人可以承受的范围，每次发完东西如何把东西带回家、提上楼都成为困难。而且员工的情况不同，米、面、油这样的节日福利并不是每名员工都需要的。但是公司把物品转换成现金，让员工可以按照自己的喜好购买节日礼品，在同样是发放节日福利的情况下，员工的满意度和幸福感都会提高，而且家庭成员会对这样的安排更加满意。

不管怎样，虽然以人为本是聚焦情感的，但这并不意味着放弃理性。没有感性的管理是冷冰冰的，没有理性的管理是缺乏效率的。在过去几十年的发展中，我们的企业注入太多的规则、制度和理性。现在面对新情况和新生代员工，需要重新找回原本就是中国管理特色的感性，这是企业参与竞争的要求，也是幸福组织建设的基础条件。

4.2.3 模范追随者

规范的领导学理论明确地告诉我们，领导是一个系统，是领导者与追随者在一个环境下的相互影响。换句话说，领导效能是由领导者的领导力和追随者的追随力共同保障的。这就好像讨论一份甜蜜的爱情，它必须是由双方共同努力才能实现。既然领导与追随是一对耦合关系，就不能单独强调某一点。只是现在，人们似乎更愿意从领导者的角度讨论而忽略追随者，甚至发展到后来，就形成了这样一个基本判断：只要领导者足够强大，追随者所扮演的角色可以随意被形塑，以至于无关紧要。比较典型的就是由此发展出一个耳熟能详的比喻：由一头狼带领的一群羊能够战胜由一只羊带领的一群狼。

但是，如果希望保障整体效果，就不能忽略系统中的任何一个要素。过分强调某一点，于整个系统其实没有太大意义。决定整体效果的关键是系统各个要素都能在自己的位置上有合适的表现。从这个角度看，今天企业领导效能面临的巨大挑战，不是领导者技巧不够，也不是领导者素质不够，而是被领导者的追随不够。

人们为什么不追随了？回答这个问题之前，我们先来看看人们为什么追随。在 Kelley 总结的有关为什么追随的原因中，非常重要的一个是人们通过追随来学习和积累能力、经验，如学徒式追随。在印刷术广泛使用之前，知识的口耳相传以及由此产生的行为的潜移默化都是通过人际追随来实现的。进入 21 世纪，互联网技术改变了人们获取知识和能力的方式。只要一个人愿意，他甚至可以不用离开电脑就能掌握所需要的知识和能力，无形的互联网提供的知识共享平台正在成为人们的“导师”。不仅如此，互联网还可以通过信息供给来影响人们的行为。例如，有了更加精准和便捷的导航应用后，人们开车都听从于应用发出的指令，它俨然成为整个城市交通的指挥者。不止于知识领域，诞生于 20 世纪末的互联网更进一步驱动了整个社会的深层变化，这些变化又都直接或间接地影响着人们的追随力。

从社会层面看，曾经影响人们行为的传统价值观和社会规范日益受到挑战与冲击，这其中就包括承诺、忠诚、敬业、利他等。今天社会中出现的很多问题都是失范和行为越轨造成的，离婚率的不断上升是对这种变化最直接的说明。回到工作场景，基于传统价值观而形成的领导追随关系显然不可能延续到正在成为工作主体的新生代上。从组织层面看，让员工更愿意深度卷入的一定是对企业愿景的高度认同。非常不幸的是，今天的企业越来越倾向于短期的、绩效导向的、快速获利的发展理念。在此驱动下，企业更加不屑于为员工制定具体的职业成长路线，它也就不会将员工的培养与发展看成是组织的基础工作，“短平快”让企业更倾向于从外部招聘来替换内部成员。放弃与员工的共同成长基本上决定了企业不可能建立员工长期的追随力。从领导者层面看，不确定性和竞争所造成的生存压力让领导者更倾向于短期人际关系的建设。领导者行为的短期性，自然就会导致追随的短暂性。从某种角度来看，短期的追随甚至不能被认为是一种追随。因为与其说那是一种追随，倒不如说是一种交易或者权宜之计。从个体层面看，新生代更倾向于追求表达自己而不是欣赏他人，追求自己的目标而不是认同他人的目标。但是，追随是基于欣赏的，而当人们追求自我实现和个体价值时，也就更加挑剔他人，这都会减弱追随力。

通过上述分析不难看出，追随力的缺乏不单单是追随者的个人问题，社会变化、组织理念、领导者具体行为都在削弱追随力。可是，来自经营的压力又让今天的领导者比以往更加迫切地需要下属成为热烈的追随者。那么，典型的追随者是怎样的呢？研究者提供了很多模型，其中 Barbara Kellerman 提供了最简单的模型，这个模型只有一个变量，那就是人们常说的参与度水平。根据参与度水平，追随者可以被分为隔离者（isolates）、旁观者（bystanders）、参与者（participants）、积极分子（activists）和死党（diehards），如图 4-4 所示。

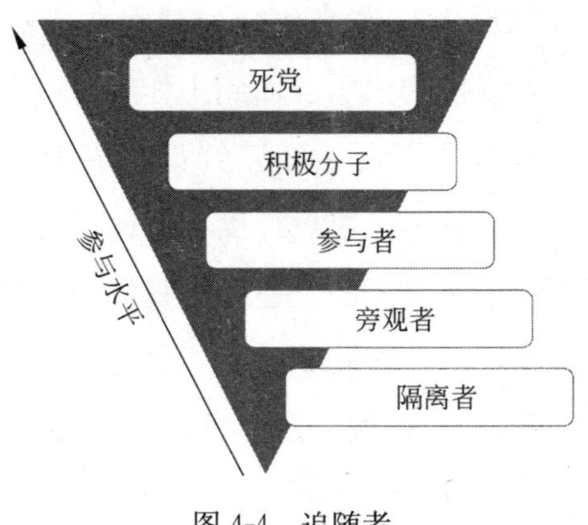

图 4-4　追随者

（1）隔离者：他们的心思不在组织内，准备随时离开组织，他们对于组织工作漠不关心，只是机械地完成而已。

（2）旁观者：他们观察，没有明确的立场，不参加领导者及其群体的活动，他们表现出一种貌似中立的状态。

（3）参与者：他们明确表现出对领导者的偏爱，愿意参与到领导者所主导的活动中来，在这个过程中，他们表达自己的观点，并且愿意配合其他人。

（4）积极分子：他们密切关注领导者，并采取相应的行动，他们热切、精力充沛、努力工作、毫无抱怨。

（5）死党：或者称为顽固分子，他们深深致力于辅佐他们的领导者，他们不仅仅是投入工作中，甚至会为了领导者目标来作出自己的巨大牺牲，奉献对于他们来说，是一种自然而然的状态，领导者及其目标成为他们判断事情的标准，即使这个事情是错误的或者不道德的，他们也义无反顾。

Kellerman 的模型是从一般意义上讨论追随者，尽管他的用词和分类或许过于政治化，但至少可以提醒我们并不是每个人都会成为领导者的追随者。简单来说，不是每个人都能够成为追随者，大部分人只是下属和被管理者而已。

具体到工作场所，Robert Kelley 从两个层面给模范追随者画了个素描：从工作层面看，模范追随者表现为专注于领导者目标或领导者为自己设定的目标；在与目标相关的关键任务方面有着出色的表现。从组织层面看，模范追随者表现为试图成为一个优秀的团队成员；能够建立积极的群体关系；与团队成员积极地合作工作；“他们不需要别人告诉怎么做，他们会充满智慧地、独立地、有勇气地带着强烈信念去投入工作”，会表现出积极的工作态度和对工作压力的超常承受能力。简而言之，由于对组织和领导者的信念，模范追随者常常会有异于常人的表现。

总的来说，一个与组织毫无关系的个体，从最初的懵懵懂懂到对组织的认可，继而发展到对组织活动的高度卷入而成为一名追随者，这是需要一个过程的。在这个过程中，组织对员工的追随力状态的影响是非常明显的。当然，你不能指望所有人都会成为模范追随者，但透过对模范追随者状态的认识，领导者在提升员工追随力方面也就有了更清晰的方向和行动。

继续前面的比喻，一般的结论是由一头狼领导的一群羊能够打败由一只羊领导的一群狼。当然，现实里这样的战斗是不会发生的。这个比喻显然是典型的领导者导向，认为只要领导者足够厉害，整个队伍就厉害了。其实，仔细想想，如果一群狼能够听一只羊的话，那还有谁敢小瞧这只羊呢？这样的队伍如果真的出现在狼带领的羊群面前，估计对方早已经作鸟兽散了。

幸福组织的建设离不开与员工关系的有效建立。伴随商业文化的发展，人际感情将会成为重要的影响因素。或许人们会嘲笑感情在商业面前的苍白和脆弱，但这也恰恰说明感情的宝贵。毫无疑问，领导者与下属的感情状态将直接决定他们的追随力。围绕追随力的讨论不单是思考角度的调整，而是借此让整个领导效能在一种更加平衡的状态下得以实现。还不仅如此，从客观上来看，追随者正在扮演着越来越重要的角色，更深入地研究他们的状态，幸福组织建设也会更加有的放矢。

4.3 让人际积极起来

领导者除了要处理好与下属的关系，同时还需要在下属间建立起积极的人际关系，也就是说，领导者要营造出良好的团队人际氛围。在影响人际关系的各种因素中，信任是最关键的一个。很难想象，没有信任作为基础，人与人之间能够展开有益的互动，团队内的幸福感更是无从谈起。领导者必须要意识到，人际信任需要认真经营。与此同时，领导者在组织内倡导相互欣赏的文化氛围，当每个人都能积极地对待对方时，一个良好的人际关系也就有了正向发展的动力。另外，人际交往过程中难免会出现冲突，本着积极的态度将冲突引向有意义的方向，人们的幸福感就会得到进一步的强化。

4.3.1 建立信任

组织内人际信任是保障组织绩效的最重要的基石。信任不仅可以使领导者的指令得到更好的贯彻，节省运营成本，还可以让组织成员处在一种良好的心理状态中。但是非常可惜的是，许多领导者在信任建设方面并没有投入精力，而是让信任处在一种自然发展状态，这就使信任建设低效又缓慢。那么，组织内的信任该如何建设呢？让我们从人际互动的角度进一步阐述。

员工间信任的建立是基于工作背景下的各种互动行为，而决定这些互动行为的是人们所承担的角色。角色，是社会学的一个重要概念。尽管人们对角色的定义十分广泛，但一般认为，角色是指个人在特定的社会团体中占有的适当位置和被社会或团体所规定的行为模式。社会生活中的每个人都是角色的复合体即所谓的角色丛。美国著名社会学家罗伯特·金·默顿认为，角色丛是指那些处在某一特定社会地位的人之间所形成的各种角色关系的整体。因此，社会的某一个别地位所包含的不是一个角色而是一系列相互关联的角色，这使居于这个社会地位的人同其他各种不同的人联系起来。

既然一个人有很多角色，自然就会有对这些角色的分类。有关角色的分类有很多标准。例如，社会心理学经常会根据角色扮演者获得角色的方式，把角色分为先赋角色和自致角色；根据角色和角色之间的权力与地位关系，把角色分为支配角色和受支配角色等。而对于本书所探讨的一个处在工作状态的人，我们可以把他的角色丛简单分为工作角色和非工作角色。例如，张先生既是公司的营销经理（工作角色），又是一个儿子、丈夫、父亲（非工作角色）。那么，信任与这两个角色有什么关系呢？

组织内员工的信任首先是工作角色间的行为互动，一个具备足够能力、履行好其工作角色的人，能够得到上级、同事和下级的信任。进一步看，这种信任是基于履行工作角色的能力。很显然，这种被人们信任的能力是具有组织和工作色彩的。信任的范围自然就是能力的范围，只有在一定条件下，信任才有可能超出能力的范畴。从信任的深度来看，基于工作角色的信任是暂时的。因为组织或工作关系总是处在变动中，信任会受到利益的影响而变得脆弱。简而言之，单纯以工作角色建立的信任是不稳固的。

虽然组织在建立信任时经常忽略非工作角色的作用，但实践证明，非工作角色在信任的建立方面却扮演着极其重要的角色。我们先来看《战国策》中触龙说服赵太后的例子。

战国时期，秦国趁赵国政权更替之时大举进攻，一举攻占了三座城池。赵国急忙向齐国求救，齐国虽然答应出兵，但要求赵国必须派赵太后的幼子长安君去齐国做人质。赵太后怜惜爱子，执意不肯。朝中大臣极力劝谏，却惹得赵太后勃然大怒。触龙迈着小步慢跑到气势汹汹的赵太后面前道歉说："老臣腿脚不好，都不能快跑了。好久没来看您，我只好私下宽慰自己，又总担心太后身体不舒服，所以就来看看您。"赵太后说："我全靠坐车。"触龙又问："您每天的饮食没有减少吧?"赵太后回答："吃点稀粥而已。"触龙说："我现在特别不想吃东西，自己却勉强走走，每天走上三四里，就慢慢地稍微增加点食欲，身上也比较舒适了。"赵太后说："这我可办不到。"这时赵太后的怒色已经稍微消解了。聊完这些养生保健之类的事情，触龙接着动情地请求赵太后能够为他 15 岁的小儿子安排工作，赵太后好奇地问："丈夫亦爱怜其少子乎?"触龙回答说："甚于妇人!"赵太后笑道："妇人异甚。"这时赵太后已经忘却了之前的不快，笑着和触龙唠起了家常。于是，触龙才开始把谈话转入正题。触龙没有像其他劝说者那样直截了当，反而获得了赵太后的信任。

在整个劝说的过程中，触龙不是一上来就搬出家国天下的言辞，避免了将自己置于赵太后的对立面，进而从家事的角度切入，表明了自己是和赵太后一样的，而且自己跟赵太后一样疼爱子女。触龙的行为使赵太后深深地感到他不是来给自己找不痛快的，而是设身处地地为自己考虑，是“自己人”。

在中国文化情境下，“自己人”是信任的最高境界，“自己人”显然不是经由工作角色实现的。更进一步，工作角色对于“自己人”的形成甚至是无用的。有学者研究，在传统社会中，自己人指的就是自家人，是一种基于血缘或亲缘关系的感情。但是血缘或亲缘总是有限的，为了能够与更多人建立信任，人们通常采用“拟亲”的做法，就是给予那些自家人以外的人等同于自家人的身份。这个身份（自己人）规定了交往行为应该类似自家人。显然，这种“拟亲”就是以非工作角色所表现出来的以行为为基础的，而与工作角色基本没有关系。

人际信任不是一种凭空产生的东西。对于希望在组织中建立信任氛围的领导者而言，认真分析组织成员的工作角色和非工作角色会有很大的帮助。工作角色的信任以工作能力为基础，容易判断，但信任的深度不足。将非工作角色适当地引入工作场所，让员工在一种轻松的环境下互动，虽然话题可能是家长里短，但却能促进彼此的接纳。例如，很多公司会组织安排家庭日的活动、员工生日会活动，公司聚餐时也经常会邀请员工的家人参加，等等，组织内出现家的氛围，能够极大地增强人际信任。

虽然人际信任的建立的确是一个艰难的过程，但信任的破坏却十分容易。从组织层面来看，破坏人际信任的因素表现在以下几个方面。

(1) 恶劣的内部环境：工作中人们相互不理解、不关心、不支持，甚至相互拆台。人们之间缺乏组织友爱、互助合作。一旦这样的组织氛围形成，它就会形成一种恶性循环，不断伤害人们之间的信任关系。

（2）失败的领导行为：不尊重下级的人格和意见，用人不当，过度偏护，拉帮结伙，不能公平、公正地评价下属，奖罚不明。

（3）不正确的管理手段：有些组织通过一些技术手段来对员工进行监控和管理，这实际上表现出对组织成员的不信任。尤其是随着近些年来商业竞争的加剧，组织都在尽可能地采取手段来保护公司信息，这其中有些行为是被不必要地夸大了，但却伤害了员工感情。

今天，不确定环境已经使人际信任成为组织拥有的宝贵资产。既然这样，领导者必须要认真地分析和经营信任。领导者与下属以及下属之间一旦建立了信任关系，人际和谐就有了强大的心理基础。幸福的关系离不开信任，幸福的组织离不开人与人之间相互的信任。

4.3.2 相互欣赏

说到欣赏，日本物理学家江本胜博士写了一本很有意思的书叫《水知道答案》，虽然这本书引起不少争议，但这并不妨碍它带给我们的理念。在这本神奇的书里，作者讲述了一个很有趣的故事：把蒸好的米饭装在三个瓶子里，分别对第一个瓶子说“谢谢”，对第二个说“浑蛋”，对最后一个则什么都不说，无视它的存在。结果，说了“谢谢”的米饭发酵并散发出香味，而说“浑蛋”的米饭腐烂变黑了。腐烂程度最严重的是无视其存在的米饭，散发出刺鼻的臭味。作者的试验还没有结束。他把三个瓶子拿到小学的班级里，这自然引得那些小学生很好奇。过了一段时间，在小学生热切的关注下，奇迹发生了。与对它说“谢谢”的瓶子一样，其他两个瓶子的味道也都变成了酸甜的发酵味。

故事在许多人看来是神奇的，甚至有些离奇，而化腐朽为神奇的不是别的，就是人们积极的态度。这一点也正是书的作者期望传递给读者的重要启示：要学着欣赏周边环境。当人们以积极的心态去面对环境时，环境也会以积极的状态予以回报，这样就可以建设起良好的互动关系。人与人之间何尝不是这样呢？漠视、不理不顾或不屑一顾得到的回应恐怕也差不多，谁又会喜欢由这种负面情绪主导的人际关系呢？

今天，“学会欣赏”已经不是什么新名词了，在有些企业里，它甚至已经成为一种有益的理念，并积极地指导企业的行为。例如，当一个企业试图改变员工行为时，通常会采取工作日志法，这种方法的根本目的是通过记载迫使员工充分利用工作时间。但这种事后的、近乎监督的做法带来的是员工的抵触和厌恶，而不是进取或改进。与这种方法相对应的则是工作目标法。组织有计划地引导并培养员工订立目标的行为习惯。这样一来，当员工走进办公室时，他们就清楚地知道自己一天的工作内容，他们的工作时间可以被更好地利用。在这里，目标传递的恰恰是组织的期望。

如果成员对组织是一种漠视的态度，一定会导致缺乏责任感，“这个组织的事情与我有什么关系”；而如果组织成员之间相互指责和批评，那一定是在相互推卸责任，“工作没有做好，都是他们的事情！”；而只有“让我们看看有什么地方可以改善”才是面对工作应有的态度，它强调合作，强调解决问题，而不是推诿。

相互欣赏是推动组织学习的重要力量。在学校里，当老师欣赏学生时，学生就有了强大的学习动力；而当学生欣赏老师时，学生就能更彻底地习得老师的技艺。同样地，在企业中，只有同事间是积极的相互欣赏的态度，学习才有可能发生。“三人行，必有我师焉”表现出来的谦逊恰恰就是欣赏。

欣赏的价值如此之大，但能够真正将它付诸实施仍然是一件非常困难的事情。最主要的原因是，随着人们年龄以及经验的增长，人们开始越来越相信自己。所有新的事物、信息、知识等都要透过他已经具有的经验的过滤。这些经验是那样的刚性以至于当新的信息与之相符时，它们才可以验证通过。而当外部知识与其经验不相符时，人们会因为不相信而选择不屑一顾地否定，这种状态被学习型组织理论定义为“学习智障”。

为了在团队中建立相互欣赏的心理氛围，领导者必须要率先垂范打破“学习智障”。也就是说，领导者要建立积极和开放的心态。积极心态意味着尊重员工的意见，鼓励他们提出革新的建议，不要随意地批评和挑剔。开放心态意味着随时准备调整自己基于曾经经历的已有假设，改变自己的行为习惯，接纳新的思维模式和行为方式。例如，在团队会议中，鼓励员工多发言，阻止员工间的相互指责，将员工有益的建议纳入团队决策中。领导者欣赏员工的态度和行为一定会引导员工之间积极的人际互动。

每年的年终或者是年初，小张所在的公司都会在内部召开一个非正式的小会。这个会一点也不死气沉沉，也没有工作内容的硬性安排，弥漫着轻松愉快的聊天氛围。会议中，大家聊聊自己，聊聊同事，最后每个人都会收到同事们现场匿名为他写下的一沓“小纸条”。这些小纸条上可能有其他同事对你优点的表扬、对你缺点的批判，或者对你的感谢、对你的不满……这样每个人都会知道自己在大家心中是个什么样子，对自己能有一个更加全面立体的认识，了解自己的优点，明年可以继续发扬，知晓自己的缺点，下一年争取克服掉。在下一年的这个“小纸条会议”上，每个人自我总结的时候就可以根据自己上一年的表现给大家说说，聊聊自己这一年的收获——有没有哪里进步了、成长了，又或者哪里没有从前好了，为什么，等等。最后，每个人依旧会收到和去年一样的“小纸条”。通过每年一次的这种比较轻松的“小纸条会议”，员工能够不断成长进步，逐步改掉自己的缺点和小毛病，更好地发扬自己的优势，还能感受到集体的温暖和成长的幸福。

一般说来，指出他人的缺点比欣赏他人的优点要简单得多，所以，学会欣赏并不是一件容易的事。这需要一个过程，但只要坚持，学会欣赏就能够成为一种优秀的习惯，这个习惯将是整个团队积极人际关系的根本。身在其中，每个人都能通过他人的欣赏增加存在感、价值感和幸福感。

4.3.3　有意义的冲突

具有各种背景的人聚合在一起，冲突是不可避免的。冲突对任何组织来说都是个重要的问题，如果得不到足够重视和妥善解决，冲突会愈演愈烈，直到危害组织的健康甚至导致组织的灭亡。但并非所有的冲突都是坏事，冲突也有积极的一面，对于这一点我们必须辩证地来看待。优秀的团队领导者可以让冲突转化为力量，让矛盾演变成协作的契机。

什么是冲突？教科书是这样来定义的：冲突是一种过程，这种过程起始于一方感觉到另一方对自己关心的事情产生消极影响或将要产生消极影响。冲突也是一种心理紧张状态，冲突双方由于互不相容的目标、认知和情感而产生的心理障碍。在组织里，冲突是普遍存在的。例如，销售部门总是希望能够得到更多的来自市场和公关等部门的宣传支持，但这些支持部门的工作却经常受到预算、时间等因素的限制，一旦销售任务完成得不好，销售部门与支持部门就会产生矛盾而造成冲突。

没有冲突的组织根本上是不存在的。一般来说，造成冲突的原因有以下 3 个方面。

(1) 互依性。在一个组织里，两个人、两个团体、两个部门的互依，会导致冲突的发生。互依性表现在两个方面：一是有限的资源，二是时间的压力。每个组织的运营，都离不开人、财、物等资源，而这些资源又都是有限的。组织内各单位或个人由于共同对这些资源的依赖而产生互依。这如同分一个蛋糕，你若分得多了，我必然就分得少。特别是在僧多粥少的情况下，冲突不可避免。另外，组织内个人、团体或部门在时间上互依的程度越大，互相产生冲突的可能性就越大。例如，在工厂的流水生产线上，任何两个相邻的单位或个人，时间的依存性都很大，因而产生冲突的可能性就增加。

（2）目标的差异。在一个组织里，目标不同的单位或个人，其产生冲突的可能性要比目标接近的单位或个人大。当组织里资源充裕且各单位独立时，则目标的差异影响不显著，此时每个单位都可朝自己的目标迈进，不大会受其他单位的影响，冲突一般不会发生或者表现不明显。但当资源减少或用尽，共同依赖程度增加时，目标的差异就变得明显和重要了。

（3）个体差异性。团队中的人与人是因为某种共同目标而结合，但人与人之间的个体差异性却客观存在。随着差异性的增大，在相互依赖的关系下，冲突就不可避免。例如，一般员工认为重要的事情，对管理人员特别是高层管理人员来讲，可能属于鸡毛蒜皮的小事；或者正相反，管理人员认为特别重要的事情，员工可能不屑一顾。由于这种直觉的差异，冲突也就在所难免。

既然冲突是不可避免的，是普遍存在的，那么应该如何看待组织内的冲突呢？在对冲突的认识方面，管理理论也存在若干流派。传统的观点认为冲突是因为沟通不良、缺乏坦诚、缺少信任、没有爱心等原因造成的，这种观点认为冲突有害，应该尽力避免。而冲突的人际关系观点则认为冲突根本避免不了，它是组织的必然产物，因此人们必须接纳冲突，既然无法消除，就要改变它，让它对工作有帮助。还有一种观点更为激进，称作冲突的相互作用观点，它甚至鼓励冲突，认为只要管理者维持好冲突的量级，组织就会更加有活力。

理论上认识的差异至少让我们知道，冲突有两种情形：破坏性冲突和建设性冲突。

1. 破坏性冲突

所谓破坏性冲突，就是双方目标不一致而造成的冲突。破坏性冲突一般都会带来消极的后果，无论是发生在个人之间还是群体之间，这种冲突都会影响群体成员之间的感情，破坏群体成员之间的关系，阻碍群体目标的完成。这类冲突一般具有以下几个特点。

（1）双方对自己的观点都十分自信。

（2）双方不愿听（或者根本不听）对方的观点和意见。

（3）双方由对问题观点的争论，进而转为人身攻击。

（4）双方互相交换情况减少，以致完全停止。

2. 建设性冲突

所谓建设性冲突，就是指双方目标一致，而在方法和认识上存在不同所产生的冲突。建设性冲突能够给组织发展带来好处。

（1）发现问题。组织表面的和谐往往隐藏着许多潜在的危险，冲突可以把这些问题暴露出来。

（2）找到解决方案。冲突可以使人们更加深入、更加全面地思考存在的问题，找到更加有效的解决方案。

（3）推动组织变革。通过对冲突的分析和解决，人们往往可以发现影响效率的工作流程、岗位安排以及组织结构，进而推动组织变革的顺利进行。

（4）创新。冲突增加了人们彼此的交流和认识，人们可以更加理解不同职责的员工的想法，也可以得到更多的意见和建议，这在一定程度上可以促进创新。

（5）组织文化。适度的冲突在组织内部可以形成更有益发展的组织文化，大家更乐于阐述观点，把问题摆在桌面上说清楚，这对组织的健康很有好处。

典型的建设性冲突如“鲶鱼效应”。挪威一家远洋捕捞公司发现存放在水槽中的沙丁鱼不喜欢游动，而半死不活的鱼和冷冻的鱼一样丧失了鲜味。直到几年后，他们才解决了这个难题，办法其实很简单：在每个水槽中放进一条鲶鱼，原本懒洋洋的沙丁鱼一看见鲶鱼，立刻感到威胁，为避免被鲶鱼吃掉而迅速游动起来，于是整个鱼槽都被“搞活”了。企业在用人方面也是一样，通过引进能干的人才以形成潜在的冲突，其他的员工就会感到紧张和压力，进而拼搏进取。由此一来，整个团队就生气勃勃。

通过上面的分析，我们知道冲突是具有两面性的，适当的冲突对组织来说并不全是坏事。只要能够有效管理，冲突甚至能够产生很好的组织效果。所谓“不打不相识”，就是通过对冲突的积极引导，让人们在碰撞中更加深入地彼此了解，人际关系中积极的一面也能够更进一步强化和巩固。

良好的人际关系能够给人们带来多种多样的额外收益，无论是愉悦的情绪体验还是工作上的“方便之门”。领导者通过具体的方法可以更加有效地经营团队内的人际信任，这样就可以筑牢和谐的人际关系。在此基础上，相互欣赏并且以积极的态度处理冲突，这样就能营造出良好的人际氛围，幸福感也就油然而生。

本章讨论的是幸福组织的第三个构成要素：领导力。领导力对员工幸福感的影响是直接的、随时随刻的。不断优化领导力，根据被领导者的变化来调整领导力，才能打造出与时俱进的战斗集体型组织。虽然新生代员工有不同的特点，但是在情感需要方面却不会改变，幸福组织建设过程中，领导者需要以被领导者为中心，理解并尊重他们的需要，构建更加积极的领导—追随关系，从而让被领导者更加投入地参与到组织建设中。同时，领导者还需要建立积极向上的团队人际关系，它会给员工带来归属感、支持感等正向的积极情绪，满足他们的幸福需求。

第 5 章

实在的薪带来幸福的心

作为企业激励体系的重要组成部分，报酬系统也是人力资源管理的关键环节之一。一个运行良好的、公平的报酬系统不仅能对外产生强大的吸引力，而且可以极大地激励内部员工达成组织目标，创造高质量的绩效，并直接影响人们的幸福感。一个企业支付给员工的报酬不是只有工资奖金，而是一个复杂的体系，也就是人们常说的薪酬包。本章还将重点讨论员工持股和福利，薪酬的这两个构成要素都更直接地影响着人们的幸福感。前者可以营造出主人翁的心态，从而让员工对幸福的感知更长久；后者可以通过弹性的设计给员工带来可以选择的幸福。

5.1　稳稳的幸福

有关薪酬的第一个错误认识是将其等同于员工激励，事实上，员工激励是一个体系，薪酬系统只是其中的一部分，还有一些激励内容与企业其他政策有关；有关薪酬的第二个错误认识是将其等同于物质层面的收入，事实上，薪酬只是企业为员工提供的外在报酬，是物质层面的反映，企业还会为员工提供内在报酬，也就是精神层面的收获；有关薪酬的第三个错误认识是将其等同于工资奖金，事实上，企业支付给员工的薪酬要远多于此，它是一个庞杂的体系。不管怎样，薪酬对员工幸福感的影响是毋庸置疑的，它是实实在在的、员工拿到手的幸福。领导者对薪酬体系的重视和积极建设，可以给员工提供稳稳的幸福感。

5.1.1　激励体系

在探讨薪酬体系建设时，人们自然而然地会把薪酬与员工激励联系在一起，甚至把薪酬和激励等同起来。这是不正确的认识。薪酬对员工的激励的确是直接的和明显的，但员工在一个企业中感受到的激励还包括来自直接领导的影响、所处的团队氛围以及企业制度所构建的整体的激励体系。本小节所讨论的激励体系是在企业整体战略的指导下，由工作职责体系、薪酬体系、福利体系、绩效考核体系以及职业生涯开发体系等子系统共同有机组成的一个完整体系，如图 5-1 所示。很明显，在这样一个激励体系中，薪酬、福利是其中的重要组成部分，企业另外的管理制度也会影响员工的受激励状态。

在全局的范围内，战略为包括激励机制在内的各项企业活动设

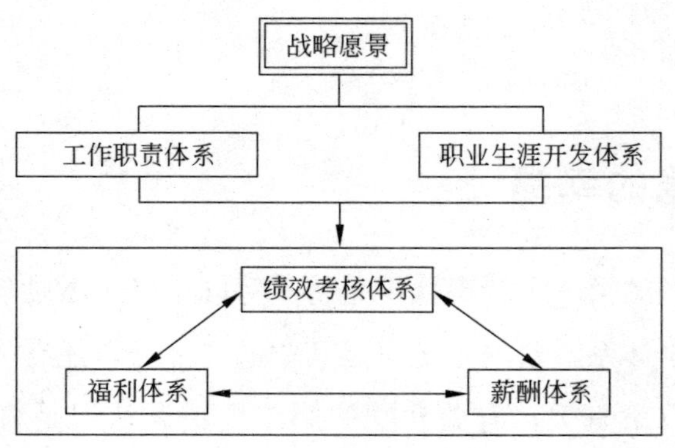

图 5-1 员工激励体系

定了总体方向。也就是说，企业的各项活动都要服务于这个总体方向，激励机制的建设也必须认真思考企业战略。从最基本的工作职责到考核系统和职业开发系统设计，都要按照企业的整体战略进行。例如，企业采取的战略形式是外部成长战略，即通过兼并和投资来获得增长，那么，企业的激励体系设计就要把重点放在职业生涯开发体系上。而采取稳定战略的企业，则需要重新研究和设计薪酬体系和福利体系，以满足员工不断增长的要求。

企业战略所提出的企业发展愿景能够从最深层次上唤起人们最大限度的认可。简单地说，企业战略愿景是对企业未来发展的界定，当企业发展愿景所描绘的目标成为员工的共识时，员工自我激励的作用就会非常明显。尤其是对处在困境中的企业，在没有充分资金实力的情况下，激励必须依靠企业的发展愿景。大量的企业实践证明，最深刻的激励来自受激励对象对未来的共同认识。如果没有战略愿景，或者对战略愿景的沟通不充分，员工不清楚企业的未来是什么、企业为什么存在以及自己的决策和工作是为什么，员工的自身发展也失去方向。于是，每个人凭着自己的感觉去工作，整个企业就会表现出缺乏凝聚力。

1. 工作职责体系

工作分析并不是激励机制的特有内容，但却是激励系统的一个重要组成部分。人力资源管理和企业激励机制以此为基础，这主要是因为明确的抑或是弹性的工作职责体现着员工的工作内容。工作分析属于组织结构设计之后的后续工作，是完成企业战略意图的基层组织单位明确工作分工的做法。可以毫不夸张地说，没有细致的工作分析，激励系统的其他子系统也无法正常运行。例如，缺乏工作分析，工作不能准确地界定出来。在组织内，会出现有些工作职责重叠，而有些工作则没有人去负责。重叠的工作和没有人负责的工作都是扯皮和推诿的根源，这显然会影响员工的工作心态；缺乏工作分析，员工的工作效果无法得到准确的判断。没有这个判断标准，绩效考核必将有更多的主观色彩，这会极大地影响考核的公正性；缺乏工作分析，企业在安排和使用人力资源时，就不可能避免主观的色彩。往往是，领导者的个人意见左右了员工的调配升迁。当领导者不能客观地判断形势时，就会影响员工的工作积极性。

2. 职业生涯开发体系

职业生涯开发是从个人职业生涯规划和企业工作发展相结合的角度，有效地进行的个人开发和提升，使个人能更好地适应社会，并做出更大的成绩。职业生涯开发越来越成为企业管理其战略性资产的手段，它在员工激励中的作用也日渐突出：将个人职业生涯发展目标与公司目标保持一致，留住那些最优秀的员工；企业帮助员工不断学习以适应技术发展和社会变化的需要。职业生涯开发的根本目的是满足企业未来发展的需要，实现企业和员工两条发展轨道的并轨，即所谓的“双赢”。

3. 绩效考核体系

绩效考核体系虽然并不与员工的收入直接挂钩，但如果考核体系设计不到位，员工的激励会受到极大的影响。例如，考核人员选择不当，造成员工感到考核具有太浓的主观色彩。大多数公司采取的是上级考核的方式。尽管上级对下级的工作内容和工作能力更加了解一些，但同时下级的考核结果将完全由上级掌控。如果上级不能客观地进行评价，在考核中有偏袒的情况，那么，被考核人员将很难有公正的感觉；考核指标选择不当，不能准确反映员工的工作业绩；考核的结果缺乏反馈，考核成为一件纯粹的操作性的事件，成为监督控制的工具，没能与员工的个人发展结合在一起。绩效考核的这些重要环节都会影响员工的受激励状态。

4. 薪酬体系

薪酬体系是经理人激励系统的关键要素。对于我国的大多数企业来说，来自薪资方面的激励总是最直接的和最有效的。尽管员工存在着需求层次上的差异，但大多数员工仍然将薪酬放在最重要的地位上。曾经羞于谈钱的员工已经转变了，这也是新生代员工变化的一个主要方面，人们已经认识到单纯的奉献不能解决自身的实际问题，另外，薪酬也是体现个人价值的重要尺度。

5. 福利体系

福利体系在员工需求多元化的今天越来越成为薪酬体系的一个重要补充，在整个激励系统中发挥着不可或缺的作用。在企业的实际操作中，福利体系并没有起到应有的激励作用，它更多地表现为“保健因素”，而且是相当随机的。随机的企业福利只能给员工“额外获得”的感觉，并不能产生真正的激励作用。如果说薪酬体系是比较刚性的，那么企业的福利体系就有较大的弹性。它的项目设置、项目适用对象，项目涉及的金额等都具有相当的差异性。福利的这种特性非常符合员工需求多样化的特点。自助餐式福利就是针对经理人需求的多样性，安排弹性化的内容。有关这一点，我们会在后面专门谈到。

员工激励机制正是由上述子系统以及它们之间的相互作用构成的整体系统。因此，只有做好上面几个子系统的工作，企业对员工的激励才能有效、持久。单纯地强调某一个方面，而忽视其他方面，激励机制都是不完整的，管理效率也会大打折扣。从这个模型，我们也不难看出，薪酬、福利不能涵盖员工激励的所有系统。也就是说，不能一说到激励，企业就想到钱，的确还有一些比钱更重要的因素在起作用。

5.1.2　奖状还是奖金

埃尔菲·艾恩在《奖励的惩罚》一书中描述了一个古老而有趣的故事，内容大致是这样的：一群放学的孩子每天都会去嘲弄一个上了年纪的老人，他们天天取笑他并乐此不疲，这好像成了他们放学后的另一节课。这天，当孩子们再去嘲笑他时，老人很平和地说如果他们明天能够再来嘲笑他，他会给他们每人一元钱。孩子们当然非常兴奋，因为不仅可以干自己喜欢的事情，而且能有收入。于是，第二天他们早早地就来了，并且极尽能事地嘲笑他。老人遵守诺言，给了他们每人一元钱，并说如果明天还能来骂他，就给他们每人两毛五分钱，孩子们想想还不错。第三天他们就又来嘲弄他，老人给了他们答应的钱，然后告诉他们下一次再来只能给一分钱了。“算了吧，我们再也不来了，才一分钱”，孩子们就真的不来了。

这个狡猾的老人用所谓的“奖励”彻底摧毁了孩子们本来特别想做的事情。当孩子们发现自己得到越来越少的钱的时候，他们宁愿放弃曾经不要钱都乐意做的事情。艾恩认为，看上去非常重要的、每个人都需要的金钱，常常是导致人们工作积极性降低的真正原因。今天的组织过多地重视通过外在刺激来激励员工，然而，不当的外在刺激不仅不会令人们更加投入地工作，反而会降低他们的工作热情。

现实中，在员工激励方面，领导者习惯于“钱不是万能的，没有钱是万万不能的”的逻辑。可是，许多领导者是根据这句俗语的后半部分来决定员工的激励，而忽视了前半部分的含义。例如，人们都非常怀念创业时候的情景。那时，人们为了自己的梦想而工作，一个勉强能够支持生活的报酬就可以让大家开心。互相尊重、认可以及合作产生的巨大成就感使人们备受激励。但随着组织的规范化，人际交往也仿佛是在组织理性下的活动。接着，人们开始有了更多的收入，更关键的是收入出现了分化。强烈的内在成就动机在外部收入比较的干预下不仅变得脆弱，甚至已经荡然无存了，那曾经的创业激情也只能出现在记忆里。

在讨论薪酬之前，我们有必要先介绍一个更广义的概念：报酬。所谓报酬，就是员工从企业得到的回报的总和。报酬分为内在报酬和外在报酬两种形式：内在报酬是指由工作本身而获得的精神满足感、成就感等，是精神形态的报酬，具体包括参与决策权、自由分配工作时间、较多的职权、有意思的工作、借助工作平台所进行的社会交往等。外在报酬是指针对员工所做的贡献而支付给员工的各种形式的收入，包括工资、薪水、奖金、佣金和红利等一系列可以通过货币单位来衡量的收入，也就是本书所讨论的薪酬。外在报酬和内在报酬也可以简单地理解为物质收入和精神收入。

人们同时需要内在报酬和外在报酬。只是强调内在报酬而忽略外在报酬，工作带来的劳苦会磨灭人们对工作的激情；只是强调外在报酬而忽略内在报酬，工作带来的逐利也会磨灭人们对工作原本的热爱。对员工来说，在年底的时候，他们不仅希望获得丰厚的奖金，还希望能够得到一份代表精神鼓励的奖状。

对于内在报酬和外在报酬应该如何匹配，理论上现在也没有一个明确的说法。但是从员工心理角度看，有一点是可以肯定的，那就是奖金和奖状都是不可或缺的。这里梳理一下内在报酬和外在报酬匹配的简要原则。

（1）人们必须在内在报酬和外在报酬之间寻找平衡。

（2）或许人们最初的工作动机是外在报酬，但一定时间后，人们会需要内在报酬。

（3）或许人们最初的工作动机是内在报酬，但一定时间后，人们会需要外在报酬。

（4）外在报酬提供了一种保障，内在报酬提供了人们内心的愉悦。

（5）相比较外在报酬，内在报酬会给予人们更长久和更深刻的激励，看看员工办公桌上放的奖杯和橱窗里展示的奖牌就可以知道。

要建立一个良好的薪酬体系，就要精心地思考和构建各个要素，毕竟薪酬对于人们的激励是最直接和最显著的。但这不意味着企业忽略那些与钱无关的激励手段，人们需要奖金，也需要奖状。

5.1.3　薪酬的确是个包

刚毕业的王亮应聘进一家知名企业担任一名销售员。企业给的薪酬待遇还不错，就这样工作了两年时间，销售业绩普普通通。后来他结婚并成为一个孩子的父亲时，才突然有一种想要成就一番大事业的紧迫感。于是，王亮开始积极投入工作中，对业务越来越熟悉，拥有了更多的客户群，第三年年末时他的销售业绩已经在整个企业位列前茅。然而，他发现尽管自己成就卓著，但并未获得老板赞赏，也没有获得比原先高些的薪酬。他慢慢地提不起干劲了。有一天，王亮偶然间在报纸上看到本市的两家大型企业正在进行销售额竞赛活动，销售业绩突出者还会获得高额奖金。其中一家企业老板还邀请销售业绩良好的员工去五星级大酒店吃饭，并且会在全企业公布所有员工的销售业绩，对那些优秀员工还会给予表扬。他不禁感慨万千，很快就跳槽到这家按劳付酬的企业了。

从王亮的例子我们能够看出，薪酬对于员工的影响是非常直接和巨大的。企业不认真思考和设计薪酬系统，员工的工作状态就不能持续保障。那么，薪酬都由哪些因素构成呢？广义概念上的薪酬由 4 个主要部分构成：基本薪酬、绩效薪酬、辅助工资和员工福利。

(1) 基本薪酬：基本薪酬是企业根据员工所承担的工作或者员工所具备的完成工作的技能向员工支付的稳定性报酬，前者通常被称为岗位工资，后者被称为技能工资。基本薪酬是员工收入的主要部分，也是计算其他报酬形式的基础。基本薪酬的数额具有相对的稳定性，支付的时间也相对固定，它是员工可以预期的收入。这一薪酬组成部分对员工来说是非常重要的，因为它不仅为员工提供了基本的生活保障和稳定的收入来源，而且往往是确定可变薪酬的一个主要依据。

(2) 绩效薪酬：绩效薪酬是对员工超额工作部分或工作绩效突出部分所支付的奖励性报酬，在企业中通常以奖金的形式来体现。绩效薪酬是对员工过去工作行为和已取得成就的认可，因此它的数额是不固定的，要基于员工的工作业绩。绩效薪酬是典型的激励性薪酬，它的目的就是鼓励员工提高工作效率和工作质量。

(3) 辅助工资：辅助工资又称非标准工资，是指基本工资以外的各种工资，包括加班加点工资、工资性的津贴和补贴、附加工资等，有较大的灵活性，是基本工资的补充。辅助工资往往与企业所处的行业以及工作特性有关，如对夜班和野外作业等工作来说，辅助工资是非常重要的一部分。

(4) 员工福利：员工福利是企业为员工提供的不是以金钱形式体现的间接报酬。相对于奖金只适用于高绩效员工来说，福利是适用于所有员工的。福利的内容很多，除了国家相关法律规定的养老、失业、医疗等之外，企业也会根据自己的情况为员工提供不同形式的福利。员工福利是薪酬体系的重要组成部分。

以上是薪酬体系中有关外在报酬的大致构成。每个部分还都包括一些子项目，拿员工福利来说，企业还会提供免费午餐、办公场所的娱乐设施、带薪的法定节假日等。这样加起来，一个企业为员工提供的薪酬真的是一个庞杂的体系，也就是人们常常说的"薪酬包"。

薪酬包的状态会受到 3 类因素的影响，包括企业外部因素、企业内部因素以及员工个人因素。

1. 企业外部因素

(1) 国家相关的法律法规。法律法规对企业行为具有强制的约束性，从薪酬的角度看，相关法律法规会规定薪酬的最低标准，企业在进行薪酬设计时需要首先考虑这个要素，要在法律规定的范围内进行活动。例如，政府的最低工资规定就明确了企业支付薪酬的下限。

(2) 劳动力市场的状况。按照经济学的解释，薪酬就是劳动力价格，是由市场中供给与需求关系来决定的。如果某一类用工的需求大幅增加，而相应的供给却不充分，这就会造成薪酬水平提高。例如，近几年有关大数据的用人需求猛增，具有相关知识和技术背景的人员薪酬增加较快。

(3) 其他企业的薪酬状况。其他企业的薪酬状况对企业薪酬定位会有直接的影响，因为，这是员工进行外部公平比较时的重要参考。为了保证外部公平性，维持一定的竞争力，企业需要进行比较性的薪酬定位，否则就会造成员工的不满意甚至流失。

（4）物价水平。薪酬的基本功能是保障员工的生活，因此，对员工来说更有意义的是实际薪酬水平，也就是名义薪酬与物价水平的比率。当整个社会的物价水平上涨时，也就是人们常说的一定水平的通胀情况下，为了保证员工的生活水平，企业需要进行相应的薪酬增加。

2. 企业内部因素

（1）经营战略。毫无疑问，薪酬应当服从和服务于企业的经营战略，在不同的战略下，薪酬也会有不同的安排和侧重。例如，稳定性战略下，由于企业的经营业绩没有大幅的增加，市场份额趋于稳定，此时整体的人力资源政策是希望通过职业发展等手段来稳定员工队伍，在这样的情况下，企业就需要考虑通过股权激励计划来配合其他人力资源政策的落实；在成本领导战略下，薪酬体系中的固定部分将缩减以控制成本，同时会提高薪酬体系中激励部分的比重等。

（2）发展阶段。处于不同发展阶段时，企业经营的重点和面临的问题是不同的，因此在不同的发展阶段，薪酬形式也是不同的。例如，在企业成长阶段，需要大量优秀人力资源的支持，并且需要激励员工优异的表现，因此，在薪酬方面，基本薪酬在外部市场必须具有竞争力才能吸引人才，同时内部的竞争性激励薪酬可以让真正的人才脱颖而出。

（3）财务状况。薪酬是企业的一项重要支出，企业的财务状况自然会对薪酬产生重要的影响，它是薪酬各项政策得以实现的基础。如果企业财务状况不良，员工薪酬的支付恐怕都会成为问题，员工工资拖欠也就不足为奇；如果企业财务表现优异，员工年底奖金可能就不止双薪了。

3. 员工个人因素

（1）员工所处的岗位。在目前主流的薪酬理论中，决定员工个人基本薪酬以及企业薪酬结构的最重要的基础仍然是岗位。岗位对员工薪酬的影响不单单来自它的级别、职务等，而主要是因为岗位所承担的职责以及相应的任职资格要求。这就意味着岗位直接决定了岗位工资和技能工资，这两项通常都是薪酬体系中最重要的决定因素。

（2）员工的绩效表现。绩效表现是决定员工激励薪酬的重要基础，在企业中，激励薪酬通常都与员工的绩效联系在一起。总的来说，员工绩效越好，激励薪酬就会越高。另外，员工的表现还会进一步影响他的个人发展，对他未来的基本薪酬势必会产生影响。

（3）员工的工作年限。工作年限主要有工龄和司龄两种表现形式。工龄指员工参加工作以来整个的工作时间，司龄则指员工在本企业中的工作时间。一般来说，工龄和司龄越长的员工，薪酬水平相对也会高一些。另外，为了鼓励员工长期稳定地工作，很多企业也愿意通过司龄工资的形式来表达人力资源管理的倾向。

这么看来，薪酬这个包不仅包括的内容很多，而且影响因素很复杂，真的需要企业领导层与人力资源管理专业人员坐下来认真研究，让薪酬包能够发挥出更大的作用。

本节自宏观到微观讨论了与员工激励有关的政策体系、内外在报酬以及薪酬系统。员工拿到手的物质收入是稳稳的幸福，但这还不够，每个人都希望通过工作来得到精神的愉悦享受，内在报酬具有更进一步的驱动力。除此之外，企业的政策体系影响着每一个人，也奠定了员工激励的底层逻辑。

5.2 持久的幸福

本节讨论薪酬体系中的两个重要内容：基本薪酬和员工持股。基本薪酬或者说工资对员工的幸福感有着最直接的影响。为了使员工能够保持持久的幸福感，企业在工资体系设计时要特别注意公平原则，这样就不仅能照顾到员工对于工资绝对数量的感知，也能建立对工资相对数量的感知。在薪酬体系中，有一个非常特别的项目就是员工持股。随着员工知识化以及个体价值的凸显，员工持股在今天的企业中越来越普遍。虽然员工持股表现为员工通过股份来获得对未来企业盈利的分配，但是更关键的或者说员工持股的根本目的是营造员工主人翁的心理和投入状态，把员工的持久幸福与企业的未来发展绑定在一起。

5.2.1 尽可能公平的工资

薪酬体系是非常庞杂的，其中，对员工影响最大的就是工资体系。简单地说，工资就是在规定时间以货币形式发放给员工的薪酬形式。在薪酬设计时，企业必须首先考虑工资带给员工的心理感受，这是最基本的，其他的报酬项目都是直接或间接由工资派生出来的。一个好的工资体系不需要追求什么新潮的、炫目的说法，而是要给员工带来公平。

公平是薪酬系统的基础。只有在员工认为薪酬系统公平的前提下，才可能产生认同感和满意度，薪酬才可能发挥激励作用。公平原则是制定薪酬系统首要考虑的一个重要原则。公平理论其实是一个简单的比较，如表 5-1 所示。

表 5-1　公平理论

自己		与他人比较		
我的报酬/我的付出	＝	别人的报酬/别人的付出	＝	公平
我的报酬/我的付出	＜	别人的报酬/别人的付出	＝	不公平
行动：1. 请求增加工资；2. 工作松懈；3. 试图让别人多干活；4. 与他人比较；5. 跳槽				
我的报酬/我的付出	＞	别人的报酬/别人的付出	＝	不公平
行动：1. 工作努力；2. 请求减少工资；3. 增加别人的工资；4. 让别人也少干；5. 与其他人比较；6. 跳槽				

公平理论很明确地告诉我们，一个人的公平感并不是简单来自个体对一件事的评判，而是来自在这件事上所进行的相关比较。比较下来，就会有 3 种情况。

(1) 如果我的报酬与我的付出的比值和别人比较相等或大致相等，这时，我认为得到了公平的对待。

(2) 如果我的报酬与我的付出的比值小于别人的比值，这时，我认为是不公平的。采取的行动大概有：首先，我会要求主管增加我的报酬，即增加我的分子；如果增加报酬的请求得到拒绝，我就会降低工作付出，即减小我的分母；如果由于企业严格的规定，我无法降低工作付出，我可能就会向上级汇报，增加对方的工作量；如果我发现错误地选择了比较对象，就会同他人比较，来寻求公平；最后，各种努力都失败后，我就会选择跳槽，离开这个不公平的企业。

(3) 如果我的报酬与我的付出的比值大于别人的比值，这时，我也认为是不公平的。采取的行动大概有：首先，我会努力工作，即增加比较中的分母，让自己也心安理得一些；如果工作量已经确定，要实现公平，需要减小分子，即我主动请求减少工资（这种情况并不多见）；其次，也可以通过增加别人的工资或让别人也少干，达到公平；有时，我会觉得错误地选择了比较对象，更换比较对象，进行新的比较；最后，由于工作付出和工作所得不相符，引起其他员工的强烈不满，自己在企业中很难工作下去，不得不选择跳槽。

可以看出，当员工感受到不公平时，他不会立刻就采取过激的行动，而是通过调整报酬和付出，自己试着在企业内寻找公平感。如果报酬不能改变，我们就常常可以看到员工减少付出来实现自己想象的公平。如果“不公平感”蔚然成风，企业里还有工作的员工吗？这个公式还可以解释为什么很多企业推行工资保密政策。在保密的情况下，我的付出和报酬我知道，别人的付出我知道，别人的报酬我不知道，于是，公平的比较就不能进行下去。在“眼不见为净”的心理下，员工至少不会陷入自我追求公平的怪圈中。

员工对公平的感受通常包括哪些方面的内容呢？一般来说主要有 4 个方面的内容：一是将个人薪酬与公司同职位员工的薪酬相比较所产生的感受；二是与外部其他类似企业或类似岗位相比较所产生的感受；三是与自己过去投入所得相比较所产生的感受；四是对企业薪酬制度执行过程的严格性、公正性和公开性所产生的感受。在这四方面公平感中，前两方面内容，也就是内部公平和外部公平是员工在组织内公平感感知的最重要内容。人力资源部门在设计企业的报酬系统时，必须要充分考虑这两方面公平的建立。

人力资源管理理论所提供的建立内部公平的基本方法是工作评价法，它的逻辑是基于工作说明书并结合企业未来发展战略，对企业内工作的价值尤其是未来价值给予评估，确定它们的相对重要性，并在此基础上来大致明确基本的薪酬。工作评价法已经有了成熟的计算框架，企业人力资源部门的专业人员一般都会掌握这种方法。

建立外部公平的基本方法是薪酬调查，就是企业委托第三方，在相关市场、相关行业、相关职位、相关工作以及相关薪酬要素等方面了解其他企业的薪酬情况。这样，企业就能够知道自己的薪酬体系是否具备竞争力。成熟的企业一般都会通过薪酬调查来作出薪酬体系调整的决策，避免关起门来想当然。外部薪酬调查也已经非常成熟，企业只需要咨询当地的人力资源顾问公司、人才市场或者相关网站就可以。

企业工资体系设计的基本原则是公平。因为在一个企业中，人们希望被公平地对待，而工资正是公平对待的最直接体现。如果工资体系没有对公平方面的考虑，很难想象这个工资体系会让大多数员工满意。建立公平的方法都很成熟，关键是企业要认认真真地做起来。

5.2.2　成为主人翁

HY 科技股份有限公司是一家综合营销支付服务提供商，它为产业链上下游合作伙伴提供全程一站式整合营销支付解决方案，同时也为终端用户提供便捷安全的支付平台。公司在 2012 年正式实行员工持股计划。综合对员工价值贡献度、工作年限、职务、业绩等因素的考量，公司给予部分重要员工认购股权的权利。重要员工虽然对持股没有全面清晰的认知，但感觉到公司给予股票认购权是一种信任，希望自己能够和公司一同成长发展，于是纷纷自掏腰包，竭尽所能将自己分配到的股权积极认购下来。参与持股计划的一位业务总监表示，自己参与这次计划完全是出于对公司的信任，希望自己能够和公司长远地走下去，参与计划后自己的工作热情高涨，希望自己的努力能带给公司和自己更好的成长助力。在实施持股计划后，公司的业绩蒸蒸日上，到年底分红的时候，持股员工渐渐对持股计划有了更为清晰的感知。

2015 年 2 月，HY 科技股份有限公司成功挂牌新三板，持股员工手中的股票可以实现协议交易，但员工几乎都没有股票套现的行为，只有少数人迫于经济压力或是想尝试一下交易的感觉进行过极少份额的交易。2015 年 11 月，公司发布股票发行认购公告，此时公司的股价已经大幅上升至 60 元/股，员工仍旧相信公司未来发展前景良好，未来股票的价值会更高，所以纷纷继续与做市商一起认购公司的股票。另外，公司对员工持股计划的退出机制也作出相应的规定，持股员工离职以后，其所持股票由公司无条件收购，但会以银行利率给予相应的补贴，这样既保障了公司的股权不外流，也减少了离职员工的一些损失。

HY 科技股份有限公司的员工持股计划成功推进，并配合公司新三板上市进度，取得了良好的效果。可以说，HY 科技股份有限公司是中国目前许多中小型科技公司的典型代表。HY 科技股份有限公司的经验是，一个企业的员工持股计划是否能够取得成功，主要取决于计划实施的时机以及具体的方案。计划实施的时机需要企业战略层综合宏观的经济政治等环境、企业具体的财务状况、员工情况、发展战略等作出判断，而具体的方案需要在借鉴其他成功实施员工持股计划公司经验的基础上，结合企业自身的具体状况来制订，主要考虑员工持股计划的实施范围、资金来源、资金管理、权益分配等问题。员工持股计划方案要注意明确员工持股的存续机制、考评机制，切实以员工对其未来收益的憧憬来激励、留住员工。另外，可以允许持股员工在适当程度上参与公司的战略决策制定，满足知识型员工的内在激励需求。员工持股计划的方案还应当根据外部环境、内部情况的变化而进行动态调整，确保对员工真正具有激励作用。

从 HY 科技股份有限公司实施员工持股计划的效果来看，由于公司已经在新三板挂牌并且进行了多次增发，员工持股计划所带来的直接财富效应已经出现，这在很大程度上确实能够激励员工、留住人才。但更关键的是，通过员工持股计划，人们的状态发生改变了，那些已经持有股份的员工更加关心公司的发展，也更加积极参与公司的计划，久违的主人翁的感觉在这个民营企业开始出现。那些没有持股的员工，也希望通过自己的努力达到公司的要求。工作没有变，产品没有变，商业模式没有变，但人们的想法变了，整个企业的氛围都不一样了。一个运行良好的员工持股计划就是要在人们的心理层面增加“家”的感觉。

通过上面的 HY 科技股份有限公司的例子，我们知道员工持股计划是企业为了吸引、留住和激励员工，通过让员工持有企业的一定股份而使员工享有剩余索取权的利益分享机制和拥有经营决策权的参与机制。在半个多世纪的探索中，企业家与学者们尝试对员工持股计划进行各种或表层或深层的改变，目的在于使员工对企业产生一种真正意义上的“联结”（bonding），以实现对员工工作态度与行为的引导，达到员工目标与企业目标的统一，提高企业经营绩效。然而现实并不如想象一般理想，员工持股计划的有效性时至今日仍然存在争议。员工持股计划究竟是“馅饼”还是“陷阱”，是“利好”还是“忽悠”，是“安全垫”还是“深套坑”？现实的情况是，虽然员工持股在我国许多大大小小的企业中得以实施，但收效甚微，甚至还给企业带来一些消极影响。

Pierce 等学者在 1991 年提出，之所以员工持股计划是否真正促进了员工工作态度与行为的改善这一问题仍悬而未决，就是因为之前的研究与实践忽视了心理所有权这一重要心理机制。通过对以往相关研究的细致梳理，他们提出了一个整合性的模型用来解释员工持股计划如何通过心理所有权这一核心机制来影响员工工作态度与行为。他们认为，只有企业的员工持股计划真正让员工对企业产生了心理上的联结与整合，简单来说，就是让员工感觉“企业好像是他的一样”，拥有了对企业的心理所有权，员工工作态度与行为才能真正发生转变。也就是说，无论何种形式的持股计划，只有让员工产生了真正的心理所有权，其作用才能真正发挥出来。

Pierce 认为，员工持股计划的实施赋予了员工正式所有权，它主要由参与权、决策权和分配权构成。正式所有权并不直接对员工的态度和行为产生影响，而是通过由于参与、决策和分配带来的心理所有权间接产生影响。换句话说，由于员工持股计划，员工能够更广泛地参与企业事务，在一些涉及企业发展的重大问题上拥有决策表决权，对企业的发展成果拥有分配权。这样一来，员工就能在心理上有“企业是我的”的感受，在这种感受的驱动下，员工的态度和行为都会发生变化。

Pierce 提出的心理所有权是非常重要的概念，它对于解释员工持股计划执行的效果很有说服力。它还可以解释为什么有些企业建立了员工持股计划，但员工的行为和态度没有什么改变。这些企业虽然通过员工持股计划给了员工正式所有权，但是员工还是不能参与企业事务，重大决策和员工仍然没有关系，员工所持的较少的股份使他们无法影响企业利润分配计划，于是“我虽然有企业股票，但企业不是我的”。可以说，没有心理所有权的建设，员工持股计划对于员工态度和行为就不会有什么实质影响。

另外一种情况更值得注意，那就是企业也不一定只有通过员工持股计划才可以实现员工态度和行为的改变。撇开财务策略，如果企业的目的就是得到员工更大的承诺和更多的投入，产生主人翁的感觉，那么，企业只需要真诚地请员工参与，决策时听取员工的意见，利润分配时更多考虑员工的所得，那么，即使没有企业股票，员工也会产生心理所有权，也会产生“企业是我的”的感受。

员工持股计划仅仅是一个手段，它的初步目标是通过正式所有权来建立员工的心理所有权，并在此基础上积极地影响员工的态度和行为。员工持股计划是从契约上把企业和员工捆绑在一起，与此同时请员工真正参与、决策和分配，这样员工的心才能和企业真正在一起。

最基础的工资体系要给员工带来公平感，最复杂的员工持股体系要建设出基于紧密利益共同体的心理所有权，这样的薪酬设计可以建设出员工更持久的幸福感。

5.3　选择的幸福

尽管大多数福利不是以货币形式体现，但却是员工可以用来比较甚至是用来炫耀的具体项目，因为工资奖金通常都是保密的，而福利则更加显性一些。例如，公司午餐的水平、员工的休假等。所以，福利对于员工的幸福感有着重要的影响。随着人们需求越来越多样化，福利项目也更加丰富多彩。企业可以在福利上多做文章，这对幸福组织建设是非常有帮助的。

5.3.1　福利的空间

一个企业为员工提供的福利通常包括两个部分。一个是法定福利，又称社会福利，是为了保障员工的合法权利而由政府通过立法要求企业提供的福利，包括各类社会保险和各类休假制度，具体内容包括养老保险、医疗保险、失业保险、住房公积金、法定休假、公休假日等。另一个是企业自主建立的，为满足员工生活和工作需要的福利项目，企业福利计划比法定福利计划种类更多，也更加灵活，具体内容包括：收入保障计划，如企业年金、人寿保险、住房援助计划等；健康保健计划；员工服务计划，如员工援助计划、员工咨询计划、家庭援助计划等；其他福利补充，如交通补助、节日津贴、子女教育辅助计划等。

相较于福利，很多企业领导人更加看重工资和奖金的作用，认为它们更具有直接的影响力。事实上，在今天的经营环境里，面对新生代员工，员工福利将会扮演更加重要的角色。福利的作用主要表现在：员工福利作为工资的替代方案，灵活机动，具有广泛的适用空间；福利项目能够满足员工的需要，有利于缓和企业和员工之间的矛盾，增强企业凝聚力；企业为员工购买一些商品和服务作为福利，比员工用工资收入自己购买同样的商品更便宜合算；通过规范的福利设计，企业不仅能够合法经营，而且积极社会责任的履行也能对外部的工作申请人产生强大的吸引力。

为了使得员工福利项目切实帮助企业实现预期的目的，在福利项目设计时，企业还必须注意以下几个方面。

(1) 公平与效率相结合：根据美国著名管理学教授赫茨伯格的双因素理论，如果没有福利，员工就会产生很大的不满情绪；如果平均分配，这时福利就成为保健因素，则企业的福利投入起不到激励作用；当员工福利计划与员工的绩效、贡献结合起来，则其又可以从保健因素转变为激励因素，从而起到提高员工工作满意度、调动员工积极性的作用。具体来说，对于突出贡献的人员应有更高、更丰富的福利待遇，使其获得荣誉感和成就感。

(2) 企业员工福利的安排应有计划性：因为缺少计划性的企业员工福利，容易对员工的需要、动机和行为产生误导作用，造成员工的期望值因不明确而越来越高，而企业也无法满足这种不断增长的期望值，可能会导致员工出现种种消极行为。有计划的企业员工福利，由于使员工的预期明确化，增加了透明度，这将大大提高员工对企业的信任感与忠诚度。

(3) 实现企业员工福利向高层次发展：不断建立和完善那些有利

于满足员工丰富需要、促进企业组织目标实现的高层次企业员工福利。

在本书写作的一次围绕企业福利项目的专题沙龙讨论中，除了企业通常提供的福利项目，大家还说起一种特殊的福利，人们常常忽略但是很有意思，本书称之为伴随性福利，就是企业或工作本身就带有的福利，它对员工的吸引力非常大。看下面几个例子。

S 酒店高级人事经理小雨：在酒店工作有一个隐形的福利，同事们都非常喜欢。就是什么呢？酒店会给我们几天的免费房，因为我们酒店的档次比较高，这几天免费房我经常请朋友或家人来住住，感觉特别好，而且有一种主人翁的感觉。

T 地铁公司计划部副经理小马：公司会给我们发一种交通卡，这样我们坐地铁时就不用花钱了，虽说也没多少钱，但是总感觉有一种优越感。

C 商学院培训中心经理小白：加入 C 商学院的目的其实挺简单的，知道这里是鼓励自己的员工报名本学院 MBA 学习的，而且有一定的学费优惠，我想在商学院边工作边读个学位，这样不是两全其美吗？

很显然，这样的伴随性福利更多的是建立了员工独特的心理优越感，并且在使用这些福利的过程中很容易强化归属感。当然，不是所有公司都会有这样的伴随性福利，但是如果公司有这样的福利，而不去考虑员工的需要，这反而会降低员工的幸福感。

从长远看，福利不仅仅是员工工资奖金的重要补充，它在建立员工幸福感方面会提供更加广阔的空间，福利本身的多样性也注定会极大地丰富员工激励的手段。从这个意义上讲，企业需要更加认真地对待福利，更加积极地建设基于企业实际情况的福利体系。

5.3.2 自助餐式福利

自助餐式福利又可称为弹性福利制，因为员工可以从公司所提供的各种福利项目的菜单中自由选择其所需要的福利，就像吃自助餐一样。在自助餐式福利计划中，一方面，企业会开出一份福利菜单，福利菜单的每一项都有具体的“价格”，员工依照自己的需求和偏好可自由选择、组合，如有的员工可能需要住房，有的关心医疗费用问题，有的担心孩子上学问题，等等；另一方面，企业根据每个员工的薪酬层次设立相应金额的福利账户，每一时期拨入一定金额。每个员工的具体情况不同，需要购买的福利项目也不相同，直至福利金额用完为止。

一般来说，自助餐式福利计划的实施有以下步骤。

第一步，企业根据自身经济实力和发展策略，确定合理的总福利支出。企业通过问卷调查、访谈等方法对员工展开调查，收集他们所需物品或服务的信息，并将所收集的信息加以分类汇总，确定员工的需求种类和层次。

第二步，根据福利商品的现实价格，将其折算成相应的福利点数，对于那些不易衡量的物品，如带薪休假等，则需要根据一定的标准折算成现值进行定点。

第三步，通过资历审查、绩效考核等手段，确定一定的标准，评定出员工的购买点数。在确定点数的时候，可以采取简单化的方法，可以直接按照工资的一定比例确定福利点数，不过，这种做法的前提条件是工资体制应具有合理性。

第四步，员工根据自己的福利点数，选择福利项目。在选购过程中，有可能出现员工本身所积点数不足以购买福利物品的情况，即购买力不足；也有可能出现员工暂时不购买，而把点数储存起来以备下次购买的情况，即点数储蓄。对于员工购买力不足的情况，公司可以考虑实行分期付款的方法，实行预支，但应当采取各种会计方法加以管理，以减少损失；对于员工的“储蓄”行为，公司应当参照现实的银行储蓄利率，对员工的储蓄点数支付当期利息。此外，企业中的相关部门还要针对福利实施过程中发生的各种意外情况采取处理措施，如员工跳槽时的点数处理、福利商品的定期调整等。

某事业单位研究院吴女士谈到她所在单位自助餐式的福利：我是某发展研究院的行政人员，我们单位工作满 5 年、考核一直排在前十名的职工（面对行政、技术、研发等类型岗位），可以获得以下的自助餐式福利的选择机会。

A. 享受 8 万元/20 万元奖金套餐。一次性提取只可提取 8 万元。也可选择分次分批提取 20 万元，首年提取 6 万元，之后每年可提取 1 万元，直到 20 万元提取完毕，共 15 年，主要是鼓励员工长期投身单位发展（每年绩效考核均达到优秀）。

B. 享受国外大型培训机构一年的带薪培训。培训后要进行部门和单位的考试并且承担新开发的项目组或部门的组织管理工作，但同时要求签订 3 年绩效责任书，如未能达成则仍回到原有职位工作。

C. 享受到同行业的合作机构/合作单位/合作客户进行岗位交换就职的机会，以参与合作方“项目组”的形式，有全职 3 个月或兼职 1 年这两种选择。要求交换后，提交项目报告或实际计划一份，并承担研发或开拓项目一项。

D. 享受“间隔年全年无薪创业计划”或者“半年带薪休假计划”，选择前者可以保留现有职位并提供 5 万元启动基金，进行组织内部创业，为期一年，失败的话也无须返还启动款；后者要求休假后能提交本行业未来发展报告一份。

E. 享受“亲子福利计划”。单位与本社区的学校有合作，可以帮助职工给孩子择校，联系幼儿园和小学，或者代缴赞助费，或者是代缴儿童保险理财产品，等等，对于准父母型员工很有吸引力。

F. 享受单位免费提供的读本研究院的 MBA 的机会。要求毕业后仍留在本单位工作。

吴女士表示，上述自助餐式福利计划，满足了不同年龄、不同职系、不同岗位、不同职业规划的职工的个性化要求，能充分激励大家的工作激情。

自助餐式福利充分体现了人们的选择自由，可以根据自己的具体情况并结合企业福利实际来定制让自己满意的福利计划，这自然能够给人们更多幸福的保障。从企业的角度来看，这种方式能够真正实现福利的激励功能。为了保证自助餐式福利的实施效果，企业还需要考虑：福利毕竟是企业成本的支出，所以要适应企业的承受能力；福利项目设定要符合员工的实际需要；福利计划实施前要与员工充分沟通，让员工参与进来，这样才能制定符合员工“胃口”的自助餐“菜单”；要充分认识这种福利是比较复杂的，内容多，而且很多项目在不断变化，这就要求管理人员动态地控制好整个项目。

根据马斯洛的需求层次理论，人的需求具有多样性。在企业内，人们对于福利的需求也是多元化的。自助餐式福利的最大优点在于，它首先充分考虑了员工需求的多元化，然后在一定的限度内提供了员工所需要的东西。这种人性化的福利手段不仅能够在短期内给人们以激励，而且可以激励员工为实现一定的福利购买力而努力工作，长期看也能够增强员工的归属感和幸福感。

企业常常低估了福利对员工心态的影响。国家法律法规所要求的规范的福利自然是必需的，企业还可以结合自身实际来扩大福利的空间。在空间扩大的情况下，福利项目的增加就意味着可以给员工提供选择。撇开福利的保障功能，单就福利给员工提供的幸福感而言，可选择性让福利更有吸引力。

本章讨论的是幸福组织的第四个构成要素：薪酬福利。毫无疑问，薪酬对员工激励有着巨大的影响，但它只是激励体系的一部分。企业激励体系还包括其他一些相关制度。尤其要注意的是，除了与金钱有关的外在报酬，工作本身带来的内在报酬其实也极大地影响着人们在组织内的幸福感，遗憾的是这一点经常被忽略。外在报酬带给员工购买力，但内在报酬带给员工成就感和价值感，企业需要引导员工建立平衡的心态。对员工幸福产生直接影响的是薪酬系统，它是一个非常庞杂的体系，需要企业认真系统地构建，这样才能给员工稳稳的幸福感。在这个体系中，公平的工资和主人翁式的员工持股将会带给员工持久的幸福感，而福利体系提供的可选择性又能给予员工自主的惊喜。需要强调的是，企业需要更加积极主动地去思考和构建薪酬系统，切实发挥出每个薪酬项目的作用。

第 6 章

营造幸福氛围的企业文化

企业文化是在一定的条件下，生产经营和管理活动中所创造的具有该企业特色的精神财富与物质形态，它包括文化观念、价值观念、企业精神、道德规范、行为准则、历史传统、英雄人物等非常丰富的内容，其核心是企业的价值观和行为规范。企业文化虽然并不直接创造绩效，但它却营造出具有明显特色的组织氛围。在这样的氛围中，对企业绩效有益的组织公民行为会因为肯定和认可而蔚然成风，对企业有害的反生产行为则会受到文化的强烈抑制和排斥。企业领导者不仅不能忽略经由历史沉淀出的文化的强大力量，还应在文化建设中扮演更加积极的角色，这也是企业文化生命力的根本来源。无形的文化可以通过有形的组织保障来加以强化，无论是开展规范的组织支持活动、实际的员工帮助计划还是切实发挥出工会的作用，都可以营造出积极向上的组织氛围，它会进一步地影响员工的幸福感并引导员工的行为，促进幸福组织建设。

6.1 无形的影响

对于企业文化的认识常常处在两个极端：要么是认为文化过于虚无缥缈，毫无用处；要么是认为文化是包治百病的特效药。应该说，企业文化的确不会直接创造价值，它的根本作用在于通过环境氛围的营造，对员工的行为和心理产生影响，使整体组织表现出一致性和协同性。

6.1.1 好人好事还是坏人坏事

研究者将员工行为划分为角色内行为和角色外行为。角色内行为是组织成员完成规定任务的工作行为，我们称这种行为为绩效行为，而角色外行为是组织成员超出工作任务要求所表现的自愿行为。根据功能不同，工作场所中员工的角色外行为又可以分为两类：一类是组织公民行为，这是一种有益行为，是出于对公司的热爱、对组织的责任以及内在自我修养的要求自发的利他或助人的行为；另一类是反生产行为，即员工自发的具有潜在破坏性的行为，会使组织生产力下降，组织氛围变得恶劣，间接地影响组织绩效。接下来，我们详细分析一下这两类组织内的行为。

1. 组织公民行为

组织公民行为是指在组织中未明文规定且未给予奖励的情形下，员工自发性地做出对组织或对其他员工有益的行为，且此行为有助于组织绩效的提升。在美国印第安纳大学教授Organ的开创研究中，他把组织公民行为描述为“自发性的个体行为，这些行为并没有得到组织中正式的报酬系统直接或明确的回报，而这些行为从总体上提升了组织的有效运作”。

组织公民行为是一个多结构模型，根据Organ的研究，组织公民行为应包含5个维度，分别是利他行为（altruism）、尽职行为（conscientiousness）、运动家精神（sportsmanship）、谦恭有礼（courtesy）、公民道德（civil virtue）。利他行为是指员工愿意花时间主动帮助同事完成任务或是防止同事在工作上可能会发生的错误；尽职行为是指员工的表现超过组织的基本要求标准，他能够尽早规划自己的工作计划以及设定完成工作的时间；运动家精神是指员工在不理想的环境中，仍然会保持正面的态度去面对，不抱怨环境不佳，仍能忠于职守，个人也会为了所属工作团体的利益而牺牲自己的利益；谦恭有礼是表示员工用尊敬的态度来对待别人；公民道德是指员工主动关心、投入与参加组织中的各种活动。仔细想想组织公民行为的5个维度，很显然，如果这些行为发生在工作场所的每个角落、每个人身上，那将是多么积极的一种状态？

具体来说，组织公民行为对企业的积极影响主要表现在以下几方面。

(1) 组织公民行为有利于提高同事和组织的生产力与管理效率。帮助行为可以使其他组织成员进步，克服困难，而且个体的积极行为有利于提高团队整体氛围和生产力，从而提高管理效率。

(2) 组织公民行为有利于解放资源，达到资源优化的目的。拥有富有责任感和乐于助人的员工，管理者可以减少监督和培训，节约时间，降低组织在某些工作上的资源投入，使其用于更为重要的用途。“不需扬鞭自奋蹄”的员工会减少监督成本。

(3) 组织公民行为有利于维持组织稳定。帮助行为可以提高团队士气和凝聚力，克己复礼可以减少组织内的冲突，一个和谐的团队就不存在人员内耗所带来的不必要的损失。

(4) 组织公民行为有利于增强组织吸引和保留优秀人才的能力。帮助行为可以提高士气、凝聚力、归属感，运动家精神可以使员工愿意与组织“同呼吸、共命运”，从而帮助组织吸引和留住人才，增强组织绩效的稳定性。

2. 反生产行为

有好人好事，就会有坏人坏事。对于反生产行为的分类，Hollinger 和 Clark 的研究是具有里程碑意义的。他们将反生产行为分为两类：一类是财产越轨行为，即滥用雇主财产的行为，如盗窃、破坏财务等；另一类是生产越轨行为，即违反生产工作规范的行为，如缺勤、擅自延长休息时间等。近年来，这个领域的研究不断向纵深发展，人们对反生产行为也有了更加清晰的认识和分类，其中比较具有代表性的研究将反生产行为划分为 5 类：伤害他人；生产越轨；破坏；偷窃；消极怠工。国内研究者近几年也开始了对反生产行为的研究。根据我国企业中工作场所的偏离行为，有学者认为反生产行为有 5 种表现形式：盗窃和不当使用企业的资源；蓄意破坏；消极怠工；工作场所暴力；对组织有害的组织政治行为。

尽管直到今天，研究者们对反生产行为的概念还存有不完全一致的认识，但大家基本认同反生产行为的 4 个特点：第一，反生产行为的行为主体是组织成员；第二，反生产行为的作用对象既可以是组织本身，也可以是组织成员，既可以是有形财产，也可以是成员名誉、企业品牌等无形资产；第三，从行为性质看，反生产行为必须是组织成员有意采取的，偶发事件或不可抗力因素被排除在外，并且不以是否违反正式或非正式的组织规范来作为评价认定反生产行为的标准；第四，从行为结果看，客观上反生产行为给组织带来了一定的消极影响，行为结果是判断反生产行为的重要依据之一。

反生产行为就是组织出现的坏人坏事，它所产生的消极影响具体表现在个人和组织两个层面。

（1）对个人的影响：反生产行为会对组织内遭受此行为的员工构成身心伤害。例如，当某些员工被人故意疏远，遭到言语攻击，甚至是被殴打时，他身心俱疲，从而对工作力不从心，恐惧感、压力增加，积极性不高。反生产行为不但对组织成员的身体、心理产生伤害，而且对员工的工作绩效产生负面影响。另外，反生产行为的作用对象不仅是组织内部成员，在某些时候，反生产行为会溢出并对组织外的个体如客户等产生负面影响。例如，组织成员可能因为在组织中的压力，感觉上级的不公平对待产生怒气等，报复自己接触的客户，把客户当成宣泄情绪的对象。

（2）对组织的影响：反生产行为对组织的影响首先表现在绩效方面，由于反生产行为带来的伤害，个人和团队工作绩效受到消极影响，组织正常工作无法顺利开展，从而对组织绩效产生严重的影响；其次，组织遭受财产、人力等资本的损失，在工作场所中，不仅有由于偷窃组织物资财产、故意破坏生产设备等产生的直接损失，还有由于雇员迟到早退、编理由请假等导致的生产率下降，增加了各种隐性成本，同时泄露、出售组织核心技术、信息等行为更是对企业产生恶劣后果；再次，组织氛围的恶化。反生产行为的多次出现会使组织气氛变差、死气沉沉；最后，对企业文化产生负面效应。反生产行为不仅腐蚀企业文化，削弱了优秀文化的引导性，而且会极大地影响企业形象。

尽管也有学者研究发现有些“好人好事”是员工处心积虑地为自己在组织内捞取政治资本，通过良好的口碑使他在未来组织发展过程中处于优势；虽然也有学者认为反生产行为还是有一定的积极意义，如员工通过故意制造问题可以使组织意识到自己在制度设计、监控管理方面的不足，发现问题后可以修补组织的疏漏等，但总的来说，组织公民行为是值得企业宣传和鼓励的良性行为，反生产行为是企业需要减少和避免的不良行为。

既然员工在正常的绩效行为之外，总会发生角色外行为。通过上述分析，我们也知道了这两类行为对企业的影响。现在的问题是，如何才能引导员工表现出更多的组织公民行为，同时减少和避免出现反生产行为？这里，我们不妨先重温一下孟母三迁的故事：孟子小时候，他家距离墓地不远。孟子和邻居的小孩一起学着大人跪拜哭嚎，玩起办理丧事的游戏。孟子的母亲很头疼，就把家搬到集市附近，孟子又开始学人家拿刀杀猪叫卖，举手投足和市井商人一样。孟子的母亲觉得很不好，于是就把家搬到乡里的学校附近，孟子就开始学习模仿礼节，也喜欢读书学习，满意的孟母决定定居下来。跟着好人做好事，跟着坏人做坏事，朴素的道理充分表明环境对人们行为的影响和塑造。

从行为角度，社会心理学中的从众理论给出了更进一步的解释。所谓从众，就是指在外部团体的压力下，个人放弃自己的意见而采取与大多数人一致的行为。我们平时讲的“随大流”就是一种从众行为。产生“随大流”行为的原因，是实际存在的或头脑中想象到的社会压力与团体压力，使人们产生了符合社会要求和团体要求的行为与信念，个体不仅在行动上表现出来，而且在信念上改变了原来的观点，放弃了原有的意见。

在绩效行为之外，一个员工会做更多的好人好事还是坏人坏事，这很大程度上会受到他所在环境的影响。如果我们把泰勒所进行的有关生产作业环境对工人生产效率影响的试验中的生产工作环境看作是一种物理环境的话，那么后来的霍桑实验所得出的结论更进一步表明心理环境对人们行为会有更显著的影响。应该说，管理学的研究始终都在探索环境与人们行为之间的关系以提升组织效能。一方水土养一方人，环境所形成的规则以及由此产生的氛围对人们的行为有着导向性的影响作用，这在组织建设时是绝对重要的。

企业文化，正是营造组织氛围的最重要因素。“文化”通常被定义为一个群体共同的价值观念和统一的行为规范，相应地，企业文化就是一个企业共同的价值观念和统一的行为规范。共同的价值观念是指一个群体中大多数人共同关心的重要问题和目标，它们决定着这个群体的行为方式，甚至在这个群体成员的构成发生重大变化时也常常能保持很长时间。行为规范是指通常的或普遍的行为方式，它存在于一个群体且很普遍，群体的成员倾向于以同样的方式来处事，他们还会把这些行为方式传授给新成员，群体会对那些遵守或违反统一行为规范的人分别给予奖励或惩罚。相关内容，6.1.2 小节会详细介绍。很明显，文化越强大，它对人们行为的影响和约束就越大，组织成员就更倾向于行为的整齐划一。

从社会心理学角度具体来看，企业文化所倡导的英雄人物、典型事迹等，正是企业希望员工学习的榜样，也就是说，企业文化就是让组织认可的人和行为方式成为组织成员从众的对象。这些从众的对象不仅能够影响员工的价值观，而且能将企业文化内化为个体认同并自觉遵守的行为规范，从而潜移默化地纠正员工的行为，使其按照组织要求的方向发展。

在环境的强大影响下，个体受到从众心理的驱动，也会像其他员工那样，积极表现出组织公民行为，即使有时候并不是那么情愿。同时，文化所营造出的舆论氛围使人们不敢轻易尝试反生产行为。认识到这一点，企业就更应该扎扎实实地、反反复复地进行文化宣贯，务必使文化所强调的行为特征真正地融入个体行为当中去，这样就能从根本上弘扬组织公民行为，减少反生产行为。总而言之，企业文化正是通过无形的惩恶扬善营造出幸福的组织氛围。

6.1.2　沉淀的力量

约翰·科特在其《企业文化与经营业绩》一书中以实证的方式表明，具有良好企业文化特征的公司经营业绩远远胜于那些没有企业文化特征的公司，在科特 11 年的考察中，前者总收入的平均增长为 682%，后者仅为 166%；企业员工增长前者为 282%，后者为 36%；公司股票价格增长前者为 901%，而后者为 74%；前者公司净收入增长为 756%，而后者仅为 1%。这一系列财务数字表明，企业文化对经营业绩起着重大的保障作用。

一般来说，企业文化的产生是基于企业遇到的问题以及解决问题的方法。在一些新的群体和组织中，大多数解决问题的方法源于这些组织的创始人和早期领导人：一位或数位高级管理人员制定并努力实施一种创意或一种经营策略，这时，企业高级领导人员的思想极大地影响着新建企业的发展和员工的思想。但随着群体的发展，群体成员会找到自己独特的解决问题的方法并取得成功，而且成就持续相当长的一段时期，这就为员工的思想统一奠定了基础。最后，企业文化逐渐明晰，它包含了企业创意思想和经营策略，同时也反映了人们实施这些策略的经验体会。企业文化产生的一般模式如图 6-1 所示。

企业文化产生的另外一个必要条件，是企业成员在相当长的一段时间里保持相互间交往，并且无论从事何种经营活动均获得了相当的成就。当他们在处理所遇到的新问题时，不断重复使用的解决问题方法就会成为他们企业文化中的一个部分。这些方法有效使用的时间愈长，它们就会愈加深刻地融入已有的企业文化之中。

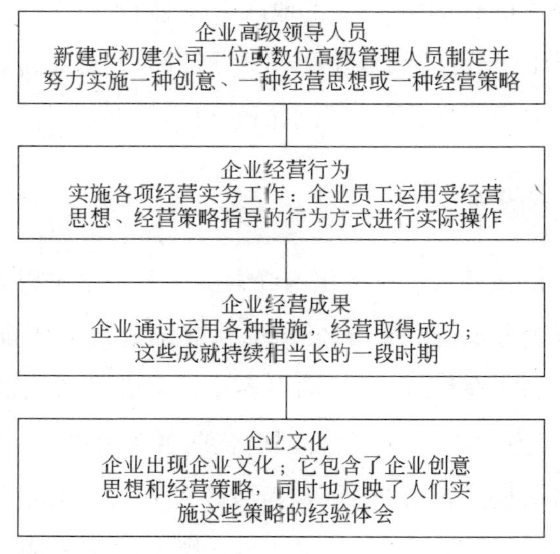

图 6-1　企业文化产生的一般模式

从企业文化的行程过程，我们不难看到企业文化并不神秘，它就是把大家习惯做事的理念和方法规范化了起来。从行为的角度看，企业文化其实明确了组织认可的行为，那些明显地与组织倡导的行为相悖的行为，将会引起组织成员共同的不满。下面，我们从文化的两个主要构成要素——共同的价值观念和统一的行为规范做进一步分析。

1. 共同的价值观念

优秀的企业文化首先表现在组织成员认同的价值观方面。《孙子兵法》所谓“道者，令民与上同意也，故可与之死，可与之生，而不畏危”。兵法中的“道”通常被等同于管理学讨论的价值观。简而言之，价值观是一个人对周围的人、事、物的轻重缓急或优先顺序的评价和看法。所谓共同的价值观，就是一个组织的人对周围的人、事、物的轻重缓急或优先顺序有着同样的评价和看法。而在领导情境里，共同的价值观就是领导者认为重要的事情，被领导者也认为是重要的。当大家有了共同的认识后，“众人拾柴火焰高”，群体才能发挥出最大的战斗力。

但是我们经常发现的事情是，一个组织内的人想法往往不一样。造成这种情况的最直观原因是大家对周围事情的重要性程度的判断并不一致。人们当然会对自己感兴趣和认同的事情投入精力，而对那些自己不感兴趣的事情很少给予关注。这样的状态自然会影响人们之间的协作、沟通等行为。

领导者的重要任务就是在企业中建立共同的价值观，使大家能够尽可能地有相同的判断。共同价值观的建设不可能一蹴而就，它不仅需要领导者树立正确的价值导向，在组织内部着力营造一种积极向上、不断进取的文化氛围，建立科学、公平、公正、公开的绩效考核和价值评价体系，创造能够使优秀人才脱颖而出的机制，而且需要领导者不断地执着投入。这是一个繁杂的过程，这也是一个不能偷懒的过程，尤其是在人们的注意力越来越分散的今天，把大家的观念统一起来，这本身就是一件非常艰难的事情。

在价值观建设方面，最重要、最基础、最有效也是常常被忽视的工作就是前面我们提到的定向培训。通过不断的重复，定向培训能够强化员工的价值观，使员工在价值取向方面与组织保持一致。日本松下电器公司创建于 1918 年，以不足 200 日元起家，现已发展成为享誉世界的国际企业集团。其创始人松下幸之助在长期经营中形成了自己独特的经营理念。为了使员工真正融入松下企业文化，松下在扩张中形成了一套对员工的“教育方式”：通过每天大声朗诵公司精神的信条（即松下七精神：产业报国的精神、光明正大的精神、团结一致的精神、奋发向上的精神，礼貌谦让的精神、改革发展的精神和服务奉献的精神）、唱《松下社歌》、奏《松下进行曲》等方式，使员工以近乎“洗脑”的虔诚真正融入公司。

2. 统一的行为规范

企业文化还包括形成统一的行为规范，也就是说什么行为是组织认可和鼓励的，什么行为是组织不能接受的。行为规范可以是显性的、制度化的，也可以是隐性的、默认的。显性的行为容易识别。例如，组织成员互相关心、互相帮助，显示出关心组织的主人翁责任感，自觉地维护组织的集体荣誉，为组织的成功而骄傲，为组织的困境而忧虑。在处理个人利益与组织利益的关系时，组织成员会义无反顾地采取组织利益优先的原则，个人服从组织，宁愿牺牲私利。这些显性的行为规范可以通过英雄、模范、制度等在组织内传播并约束组织成员的行为。从某种意义上说，隐性的行为规范就是所谓的“潜规则”。在组织活动的某些方面，组织并没有通过明确的制度去规定行为，但组织成员已经形成了一种默认的行为。尤其是当组织面临一些突发事件时，隐性的行为规范就更能约束组织成员的行为。

某金融公司人力资源部经理小马：我觉得企业文化对人的激励作用挺强的。我的第一份工作是在郑州可口可乐做管理培训生。2003年的时候，工资是不到 3 000 块钱，在当年的毕业生里还可以。我在市场部，工作特别特别累，工作强度非常大，但是整个部门甚至整个公司的企业文化建设得非常好，在公司长期服务的很多。再有就是大家的工作状态特别好，团队合作非常好，每天加班到晚上 10 点大家还是很亢奋。我觉得企业文化对人的激励有时候是大于薪酬的。

某私企员工菲菲认为：如果 A 公司给我 3 500 元，B 公司给我 5 000 元，我可能也还是会留在 A 公司，因为前者有良好的工作氛围和企业文化，这带给我的体验感和归属感更强。在薪酬上，有些人可能觉得自己要比别人高或者至少与别人持平，这样自己的心理满足感可能才比较好。但我觉得，就拿跳槽来说，我很少去跟同事比，我是一个很容易焦虑的人，幸福感很容易缺失。比如我从一个薪资是 4 000 元的工作跳槽到一个薪资 6 000 元的工作，按说涨的比例还是挺大的，但是这个幸福感最多会持续一周，很快就会消失不见。你要去适应新的企业文化，很多情况下你会有不适应的阵痛期，这会抵消薪酬上升带来的幸福感。有时候一家公司不好的企业文化，甚至会像无形的手一样，逼迫你离职。所以，像我是很少因为工资去跳槽的，因为来自企业文化的幸福感要比来自薪酬的幸福感更持久。

根据科特的研究总结，企业创建之后，经过 10 年左右的发展，企业文化就渐渐沉淀形成并且开始发挥它的影响作用。如果此时企业能够有意识地总结和整理，可以使企业文化更加鲜明。这样，在价值观和行为规范的作用下，无论从思想上还是行动上，组织成员都表现出高度的一致性，这进一步强化了“我们”的意识，组织成员自然彼此把对方视作“一家人”。无形的企业文化营造出最浓烈的组织氛围，在它的影响下，组织成员和谐相处、彼此促进，充满凝聚力、幸福感。

6.1.3　领导者的文化担当

如果说本书第 3 章讨论的是企业的物理环境，那么，与企业的人际环境联系最为紧密的就是企业文化。一个企业的文化是否建立、文化是否强大对员工思想和行为都有着非常巨大的影响。通过 6.1.2 小节有关文化形成的分析，我们知道文化不是一成不变的。在文化的发展过程中，领导者起到举足轻重的作用。

为了使企业文化能持续地支持企业的发展，不仅在企业文化形成初期，在企业文化后续建设过程中都非常需要领导者的积极投入。具体来说，领导者在企业文化建设中还应当扮演好以下 8 种角色。

（1）创造者：企业文化建设，首先要求领导者创造企业文化。创造企业文化，不仅对于那些尚未形成企业文化的“幼年”企业是必需的，而且对于企业文化已经形成的成熟企业也是少不了的。任何一个企业，要形成并保持自己在文化上的生命活力，适应不断变化的企业内外环境的需要，就应当不断地创造新的文化内容，从而使企业文化不断丰富、不断完善，日益优秀而强大起来。文化创造者的角色要求领导者保持开放的心态、对内外环境变化的敏感性以及积极的学习精神。虽然文化的创造不是一件容易的事情，但却是领导者必须亲力亲为的重要职责。

（2）倡导者：企业文化建设，要求领导者成为企业文化的积极倡导者。领导者创造的优秀企业文化或文化样式，不经过一而再、再而三的倡导，就难以使它们变为企业全体成员共同享有的文化。有的领导者创造性强，经常提出许多先进的观念和思想，制定出一些新规范和新方法，但他们不善于积极倡导，又缺乏有力的辅佐，因此，他们创造发明的文化往往游离于企业文化价值规范体系以外，对本企业文化没什么实质性影响。文化倡导者的角色要求领导者反复宣贯已经形成的文化。在这个过程中，组织中可能会出现抵触情绪，领导者必须要保持坚韧不拔的精神状态，并且坚定不移地推动各项文化建设工作。

（3）组织者：企业文化建设，要求领导者成为企业文化建设的组织者。企业文化建设是一项错综复杂、旷日持久的系统工程。这项工程的顺利实施有赖于认真审慎的组织工作。如果说，由于组织策划不周，一幢大楼盖歪了，可以推倒重来，而如果由于缺乏谨慎周密的组织策划，企业文化建设根基不稳，或方向偏差，就不是可以轻易纠正和补救的。因此，领导者应当亲自承担企业文化建设的组织工作，扮演好组织者的角色。在具体实践中，许多企业在发展过程中其实已经形成了一些朴素的价值观和约定俗成的行为方式，但这些文化要素还是以零部件的形式散落在企业的各个角落。把这些文化要素组织好并且制度化，从而不会因某些领导者的离去而导致文化的瓦解，这将是一项十分艰巨的任务，也是领导者必须承担的责任。

(4) 指导者：企业文化建设，要求领导者成为团体和员工从事企业文化建设的指导者。团体和员工会遇到困惑和问题、冲突和挫折，对新的文化价值规范会感到难以适应，对旧的思想观念、风俗习惯会感到难以摆脱。在这种情况下，领导者应当帮助团体和员工，给予他们及时而有力的领导。

(5) 示范者：企业文化建设，要求领导者成为组织成员的示范者、认同的对象、模仿的榜样。每个领导者应该争取成为企业的英雄楷模。榜样的力量是无穷的，领导者只有在员工心目中树立起高大的形象，为广大组织成员衷心敬爱、拥戴和崇拜，他们所倡导的文化价值规范才会真正被组织成员接受和认同。

(6) 激励者：企业文化建设，不仅要求领导者身体力行，成为组织成员的示范者，而且要成为他们的激励者。领导者只有不断激励员工，他们才能发挥出参与企业文化建设的主动性、积极性和创造性。激励是领导者的基本功能，不善于激励的领导者，就不是优秀的领导者。

(7) 培育者：企业文化建设，要求领导者成为人才的发现者、选拔者和培育者。培育文化建设骨干和英雄楷模，是领导者义不容辞的职责。骨干和英雄楷模是领导者领导企业文化建设的基本依托，没有骨干和英雄楷模，领导工作也没法实现。文化的生命力在于领导者主动营造出宽松的人际氛围，大家可以敞开心扉畅所欲言，这样，陈旧的理念和行为会被淘汰，与环境更相匹配的内容就能够源源不断地补充进来。

(8) 诊断咨询者：企业文化建设，要求领导者成为本企业的文化诊断咨询者。文化不应该是刻板的、静止不变的，或者是落后于时代的。当这一情况出现时，企业就会因为无法适应环境而遭受损失。在企业文化的动态发展过程中，组织往往需要专家的诊断咨询，但是专家，尤其是外请的专家有其局限性，哪一个外请的专家会比企业领导者更熟悉本企业呢？因此，企业文化方面的诊断咨询，最好由领导者亲自参与。

领导者在企业文化建设中扮演的这些角色充分说明领导者对于企业文化的重要性。为了建立企业文化，领导者不仅需要掌握充分的知识和娴熟的技巧，更要具有执着的追求和非凡的勇气。在建立文化的过程中，领导者经常要挑战既有的习惯和人们思想中根深蒂固的观念。这个过程一定是困难的，但却是值得的。文化学的研究揭示出：文化虽然是由人创造的，但它一旦被创造出来之后，又反过来作用于人，支配着人们的生产方式、行为方式、生活方式和思维方式。所以，领导者在文化建设方面的作为和担当，对企业绩效的长远发展一定会起到事半功倍的效果。

虽然文化不像工作环境那样具体，但是强大的文化会在组织内部形成无形的氛围，身处其中，个体的思想和行为在不自觉中与其他组织成员达成一致。员工高度的认同感和归属感正是企业文化的目标。幸福的文化也不神秘，除了体现企业特色外，需要领导者深度参与和推动持续建设，将一些陈旧的文化要素剔除，不断补充新的文化内容和形式，这样的文化总能带给组织成员满满的正能量。

6.2　有形的保障

除了通过积极的文化建设来营造幸福氛围，更进一步，还可以通过更加有形的措施来保障员工对幸福的美好感知。给予积极的组织支持、促进工作家庭的和谐发展、实施切实的员工帮助计划以及发挥工会应有的作用，推动整体环境的优化，为幸福组织建设奠定坚实的基础。

6.2.1　组织支持

20 世纪 80 年代中期，Eisenberger 根据互惠规范与社会交换理论，提出了组织支持理论。该理论认为，当员工感受到来自组织的支持，即感到组织对其很关心、支持、认同时，他们在工作中就会有很好的表现。Eisenberger 在社会交换理论和组织支持理论的基础上指出，员工会对组织是否看重他们的贡献，并在不同的情况下给予他们不同的对待形成一种总体的看法，这种总体的看法就是员工的组织支持感。

根据互惠原则，组织支持感使员工产生了一种关心组织利益的义务感以及增强员工对人性化组织的感情承诺。之后很多研究结果显示，来自组织某种程度的支持可以激发同种程度的组织承诺，使员工工作更加投入，还可以使员工产生一些组织公民行为，如帮助组织避免风险、提供建设性意见、帮助同事等。同时，组织支持感还通过满足员工的归属感和情感支持等方面的需要来增强员工的感情承诺，从而加强员工对组织的社会依赖，提高员工留在组织中的愿望。

西方学者基于互惠和交换理论提出的概念，在儒家文化背景下的中国企业其实早已经实践了。过去国有企业经常说的“大而全、小而全”就是组织支持最生动的写照。似乎一提到“大而全、小而全”，人们就会自然联想起管理效率低下的国有企业。在传统的计划经济体制下，国有企业普遍存在着“大而全、小而全”：企业办社会，辅助单位多，机构臃肿，人浮于事，重复低效投资等，这使得企业效率与效益低下，缺乏竞争力。于是，当国有企业开始改革时，重点自然也就放在整顿“大而全、小而全”的问题上。企业不能办社会，企业应该做自己擅长的事情。于是，分离企业办社会职能成了深化国有企业改革的重要内容。

按照这样的逻辑，仿佛国有企业没有做好的罪魁祸首就是企业发展过程中构建的各项社会功能，是它们带来了浪费和低效率。如果把这些所谓的“累赘”去掉，我们的企业就可以轻装上阵。撇开那些特别大型的企业不说，单就一般规模的国有企业的改革实践来看，经过这些年的剥离调整，仍然有大量的企业没有取得成功。不单是这样，就是那些曾经优良的品质，如爱岗敬业和主人翁意识，也随着组织的调整而减弱了。我们可以经常听到的抱怨是：员工不像以前那样对组织有归属感了。

我们不否认那些与企业经营目的没有直接关系的内容会影响组织整体的效果，但如果把所有的经营不善都归因于那些功能恐怕也是缺乏说服力的。一个最明显的道理是，这些辅助性组织的建设也都是当时的必需。例如，中国石油产业中的大庆。在它的发展过程中，必须要依靠自己来建设所有的事情：没有住房交通，自己盖房、修路、搞基础设施建设；孩子没有地方上学，自己就得办幼儿园、小学、中学；人都会生老病死，那就自己搞医院、养老院甚至殡葬馆；等等。这些社会功能化的机构在当时为企业的发展起到了基础的作用，试想，如果没有这些机构，今天的大庆油田甚至是不存在的。员工为企业付出时间、精力、心血的时候，每一个企业都不能对员工的困难袖手旁观，要把员工的安危冷暖时刻挂在心上，真心实意地为员工解决后顾之忧。

“大而全、小而全”是一个时期的重要管理特征，它满足了人们的社会需要，调动了员工积极性，增强了员工归属感。当我们这个社会融入更多的市场因素的时候，思考一下“大而全、小而全”的积极含义，或许可以解开今天许多企业的困惑。至于那些以“大而全、小而全”为借口而推卸自身责任的管理者，他们本来也经营不好企业。事实上，今天已经有越来越多的企业开始积极承担合同之外的责任。例如，有些互联网公司和一些幼教机构合作解决员工子女的入托入学问题。

我们不赞成企业为了满足员工的需要而着力建设那些与经营目的不相关的机构，企业理应聚焦于自己所擅长的。但这样绝不意味着企业可以无视员工的社会需要。企业可以把那些社会功能更明显的机构外包，但绝不能把对员工爱护关心的那颗心也外包了。如果一个企业漠视员工的社会需要，那么，它就永远不要指望员工的忠诚以及员工与组织的共同成长。企业与员工之间的善意是长久发展的基石。

H 集团旗下的 X 精机社会事业部，有一名叫小邹的普通职员。他在工作中一直保持高涨的热情，但不幸检查出得了肝癌。考虑到家庭经济状况，他选择中医保守治疗，并且持续上班。当企业的领导和同事们得知他的病情后，都非常关心他，给他很多鼓励和帮助。领导和同事们的亲切关怀让小邹对生活充满信心。2016 年 1 月，他的病情恶化了，不得不住院。领导和同事们迅速行动起来，每天都有人去医院看望他，陪他聊天。病房里的鲜花和笑声始终不断。领导还发起了募捐活动，筹集资金 7 万多元交给他时，他强忍疼痛，把同事们的名字、捐钱数额以及说过的话用笔记下来，记了 20 多页 A4 纸。他告诉妻子，企业是他们的恩人，同事们是他们的亲人，以后要告诉儿子。他去世半年后，他以前的同事们还经常去看望他的妻子和儿子，过年还给他儿子压岁钱，这让他的妻子感动不已。

某公司位于郊区的分公司，受到了临近工厂的安全事故影响，住在那边的员工家属受灾、家中房屋受灾，公司不仅组织员工捐款和发放单位抚恤金，人力资源部和工会还派驻 24 小时留守代表，第一时间收集员工及家属受伤情况、房屋破损情况，分出级别进行后续补助，每天用微信发给员工两封沟通信，进行心理关怀疏导和人性化的政策倾斜。其中一名员工的丈夫受伤了，紧急情况下没能及时在市级管理部门进行伤员登记流程，导致医疗问题，企业主动进行协调、打通绿色医疗通道，解决了问题。在员工危难之时、孤立无助时“雪中送炭”，及时提供帮助，要比平常的支持更加对其有所触动，员工幸福感更加强烈，而且员工责任感、归属感和团队凝聚力都会有大幅度提升。

某银行与当地幼儿园有共建合作，针对外地员工孩子没人帮忙带的问题，以优惠价格安排员工子女就近入学。企业关爱员工及其家庭的行动，温暖、感染并带动了全体员工，让他们满怀激情地投入工作中去。视员工为亲人，帮助员工解决困难，比空洞地说爱要有力量得多。

如果只是照章办事，没有人情的回应，过分强调契约精神只能让企业变成冰冷的机器系统，员工怎么会有幸福？组织支持感是员工对组织行动的心理感受。人们常说，滴水之恩，当涌泉相报。通过重视和运用组织支持，企业将组织对员工的关心更加制度化、规范化，帮助员工解决后顾之忧，使他们能够全身心地投入工作中。组织支持所引发的企业与员工的良好的人际关系循环，让企业更有发展，让员工更受鼓舞与激励，幸福感就会自然而然产生。

6.2.2 工作家庭和谐

由组织支持进一步引申出一个现实问题，就是前面已经多次提到的工作家庭关系问题，它对员工整体幸福感有着绝对的影响。对工作家庭关系这一领域的最初研究可以追溯到 1978 年 Katz 等人阐释的角色理论。这一理论基于个人在家庭与工作岗位上的身份差异，其核心思想围绕着两个假设展开。其一是“资源稀缺假说”，即认为个人所拥有的时间、精力等资源是一定的，因此分配给工作和家庭时必然存在厚此薄彼。其二是“加强假说”，即认为个体拥有的多个角色可以相互助长。这两种假说也成为后来“冲突论”和“促进论”的理论基础。

按照时间顺序来梳理工作家庭领域的研究，最先占据主流的观点是角色冲突说。根据工作家庭角色边界理论，几乎每个人都是活跃于家庭与工作两个领域的跨越者。个人在工作与家庭之间的投入分配上是相互侵蚀的。这种情况在现实中普遍存在。例如，一位经理经常加班，他就没有时间陪孩子；一个员工的家人生病住院需要陪护，他就无法按时上下班。虽然学者们对于“资源稀缺假说”前提下的工作家庭冲突还存在认识上的分歧，但存在于二者之间的冲突关系却是被广泛接受的结论。

随着积极心理学的发展和学术研究本身的推陈出新，近些年来，人们开始从与“冲突论”不同的角度重新审视工作家庭相互影响的机制。研究者以“加强假说”为依据去建立新的假设。最早提出的积极渗溢说（positive spillover）认为资源是可塑的，时间和能源等资源可以共享，并发展到不同领域，产生相互作用，所以个体在一个角色活动中所获得的资源和收益可以正向溢出到他所拥有的其他领域的角色中。根据这种观点，个体作为整体而非部分，参与一部分角色产生的资源会对其他角色发生效用。这一理论突破了原有工作家庭角色必然对立的假设，明确两个角色其实是可以相互促进的。

虽然工作家庭冲突是现实存在的，但工作家庭促进也是不争的事实。近些年来，研究者更愿意本着积极的态度来建立工作家庭关系，于是，工作家庭促进理论有了长足的发展。学术上用于定义工作家庭促进的词汇非常多，如工作家庭增益（work-family enhancement）、工作家庭促进（work-family facilitation）、工作家庭丰富化（work-family enrichment）、积极渗溢，上述的这些概念在一定范围内是可以互换的。虽然工作家庭促进目前还没有一个能够完全描述清楚的定义，但是我们根据前人研究，尝试着给出如下定义：工作家庭促进就是一个角色的获益提高了另一领域内角色的表现。具体来说，工作卷入带来的技能、行为或者良好的情绪会给家庭带来积极影响；同样地，家庭卷入带来的积极情绪、家庭支持和成就感也会提高个体在工作中的绩效表现，重新获得工作动力支持。

工作家庭促进说明了同时承担工作和家庭角色会有积极产出——不仅有利于身心健康，而且可以提升人际关系。工作家庭促进是双向的，工作经历可以提高个体的家庭生活质量（工作对家庭的促进），家庭的经历也会提高个体的工作绩效（家庭对工作的促进）。工作家庭促进不是研究者为了为工作家庭冲突寻找所谓的对立面或相反论点而刻意创造的概念，而是真实地存在于现实中。工作家庭促进通常会发生在以下情形：当一个角色的活动和表现可以激励到其他角色时；当他们从一个角色中得到的社会支持或者技能和态度对于另一个角色有益时；当他们在一个角色中拥有了更高的自信和更好的情绪时。在这些情况下，个体参与一个角色会积极地影响其他角色的投入和表现，工作与家庭之间的关系是相互促进的。例如，一个人在企业学会的某项技能可以应用到家庭，通过家庭产生的某种关系被用来开拓企业业务。

当人们开始进入工作状态后，工作和家庭自然就成为人们必须同时面对的两个领域。如果说冲突和促进是工作家庭关系硬币的两面，走向任何一个极端都会带来个体和组织的问题，那么，企业就需要努力探索有益于员工工作家庭关系的综合策略。其中，人们经常说起的概念是工作家庭平衡。工作家庭平衡的思想起源于 1970 年的英国，该理论主要是从工作家庭冲突角度延伸而来，试图通过解决两者的冲突来实现个体工作和生活之间的平衡。近些年有学者又提出了一个新的概念，他们同时从工作家庭冲突和工作家庭促进的角度进行研究，引入了“工作家庭和谐”的概念，即“一种令个体满意的、工作和生活角色经过一致管理可以达到相互交织和谐有序的生活状态”。因为工作家庭和谐理论以一种更加积极的态度去整合工作家庭关系中出现的种种状况，人们更愿意去接受它。工作家庭和谐与中国儒家所谓“修身齐家治国平天下”的逻辑是一致的，都试图在个体身上实现多角色的和谐。

今天，很多企业都在努力探索帮助员工构建积极的工作家庭关系，如通过家庭友好项目、员工帮助计划等。撇开各种各样的具体做法，从理念上不是把工作和家庭对立起来，而是将它们看作是两个可以相互促进的角色，这就从根本上为两者的和谐奠定了基础。也就是说，企业不能无视员工的家庭角色，在企业力所能及的范围内，帮助员工更加积极地履行家庭角色包括解决员工的后顾之忧等，可以使得员工的工作家庭关系得到促进。和谐才能带来幸福，冲突总会产生遗憾。尽管管理实践和研究对工作家庭和谐还都在探讨中，但更加积极地认识工作和家庭两个场景，面对由此产生的问题并建立可行的方案，无疑是正确的，因为它是从更广泛的视角来影响员工的幸福感。

6.2.3 员工帮助计划

EAP（employee assistance program）即员工帮助计划，最早起源于20世纪初的美国。当时美国的一些企业注意到员工的酗酒、吸毒和其他一些药物滥用问题影响到员工与企业的绩效，于是有的企业建立了一些项目，聘请专家帮助员工解决这些问题。20世纪60年代，美国社会变动剧烈，工作压力、家庭暴力、离婚、法律纠纷等其他问题也越来越影响到企业员工的情绪和工作表现，EAP项目日渐增多。20世纪80年代，欧美等发达国家开始在员工帮助计划中大量运用行为疗法以对员工的不良行为进行改善。今天，EAP已经发展成为非常成熟的体系，它是由企业为员工设置的一套系统的、长期的福利与支持项目。

通过专业人员对组织的诊断、建议和对员工及其直系亲属提供专业指导、培训和咨询，EAP可以帮助解决员工及其家庭成员的各种心理和行为问题，提高员工在企业中的工作绩效，具体内容通常涉及员工生活和工作两大方面。在员工生活问题方面，如健康、家庭关系、情感困扰、法律问题、焦虑及其他相关问题；在员工工作方面，如公平感、工作中的人际关系、家庭工作平衡、工作压力及其他相关问题等。

EAP项目是一个全面的、系统的服务过程，包括发现、预防和解决问题的整个过程。根据实施时间长短，EAP可分为长期EAP和短期EAP。一般来说，EAP项目建立后，要长期跟踪执行，才能够起到良好的效果。短期EAP项目通常是针对企业面对的一些特定状况而设计的。例如在组织变革过程中人们会出现的心理波动，或者是一些突发事件造成的心理恐慌等。根据服务提供者，EAP还可以分为内部EAP和外部EAP。内部EAP是在企业内部，由专门的机构或人员为员工提供的服务。通常大型企业会由人力资源部门建立内部 EAP，这样更有助于及时了解员工情况，发现和解决问题。外部 EAP 就是企业与服务提供机构签订服务合同，组织安排 1～2 名工作人员负责联络和配合，其余主要工作均由 EAP 服务机构具体操作。虽然内部 EAP 比外部 EAP 更节省成本，但因为经常会涉及一些心理敏感问题等，员工对内部 EAP 的信任程度可能不如对外部 EAP 的信任程度。

作为员工职业和心理问题以及企业相关管理问题的整体解决方案，完整的 EAP 应该包括企业心理状况的调查研究、宣传教育、针对性培训、心理咨询与治疗 4 级服务体系。

（1）企业心理状况的调查研究是 EAP 有效开展的前提，可以发现和诊断职业心理健康问题及其诱因，并提出建议，减少或消除不良的组织管理因素。

（2）宣传教育是应用海报、网站、专题讲座等方法宣传心理健康知识，提高员工心理健康和自我保健意识，同时也提高员工对 EAP 项目本身的关注。

（3）针对性培训就是进行咨询式管理者的培训，让管理者学会心理咨询的理论和技巧，在工作中随时注意预防和解决员工心理问题；对员工开展压力应对、情绪调控、工作与生活协调、自我成长等专题的培训或咨询。

（4）心理咨询与治疗是 EAP 解决员工心理问题的最后步骤，通过建立相应机制，如热线电话、网上沟通渠道、咨询室等，使员工能够顺利、及时地获得心理咨询及治疗的帮助和服务。

EAP 项目的实施能够有效解决员工心理问题，舒缓员工心理压力，从而提高员工个体工作绩效，也能帮助管理者提升管理效能。在今天高竞争快节奏的职场环境下，EAP 项目的建立对企业的长远发展是非常有价值的。但要成功实施EAP计划，在认识EAP和实际操作上还需要注意以下几个问题。

(1) EAP项目针对的主要是正常的员工而不是已经出了问题的员工，因而更多的是预防作用而不是“救火”。

(2) EAP项目的有效实施需要有一个良好的反馈体系，EAP咨询人员通过对引起员工心理问题的原因的调查，以及把培训、咨询中发现的与企业管理相关的问题反馈给管理者，并向管理者提供管理咨询服务，改善组织管理水平，帮助预防员工心理问题的发生，从而帮助组织改进和完善管理效能。一个有效、顺畅的沟通反馈体系非常重要。

(3) 组织如采用内部EAP形式，则EAP专员应特别注意保持客观、中立的态度和立场；如采用外部EAP形式，那么服务人员则需要广泛而深入地了解、熟悉企业的内部情况，但这种形式在服务的主动性、细致程度和连续性等方面并没有内部EAP形式好，如果可能，可以考虑将内部EAP和外部EAP形式结合起来运用。

(4) EAP项目的实施过程中一个需要特别注意的问题即是保密性问题，企业如果采用内部EAP形式则尤其要注意这一点。保密工作的好坏，会直接影响到整个EAP项目的成败。有些员工的问题完全是个人隐私，EAP咨询人员必须完全遵照心理咨询的原则来对企业员工展开咨询工作，以求真正有效地解决员工的问题。

总之，EAP是组织为员工设置的一套系统的、长期的福利与支持项目。通过实施多层次员工关怀，EAP可以帮助解决员工及其家庭成员的各种心理和行为问题，增强员工的工作投入度、满意度和对组织的认同感，提高员工的工作绩效，改善组织氛围和管理，最大限度地保障员工的心理健康，为幸福组织持续发展奠定良好的微观基础。

6.2.4　大有作为的工会

在企业文化和员工关系建设方面，有一个组织是被大大忽略的，那就是企业工会。按照《中华人民共和国工会法》，企业都应该成立工会，工会也应该按照规定来履行自己的职责。一个运行良好的企业工会能够极其有效地调节员工关系，它所处的位置以及处理问题的角度可以使一些原本棘手的问题迎刃而解。

《中华人民共和国工会法》要求，作为全体员工和劳动者的权益代表，工会组织应该切实履行四项职能：维护职能、建设职能、参与职能和教育职能。从工会的四项基本职能来看，目前工会的工作重点主要放在维护职工权益上，维护职工权益是促进企业发展的社会基础，没有广大职工的积极性和创造性，任何企业的发展都是不可想象的。除此之外，工会通过组织职工代表大会共谋公司发展大计等，为员工参与企业管理提供平台，这可以加强高层与基层、上级与下级以及员工之间的有效沟通，减少劳资双方的摩擦，为营造积极、和谐的劳资关系氛围奠定基础。工会还可以通过组织有计划的技术比赛、培训活动等来丰富员工的知识和能力，从而有利于员工个人绩效和企业绩效的提高。很明显，按照国家立法的要求，工会组织能够承担更多的责任，并促进企业与员工关系更加和谐融洽。

学者们的研究从理论上坚定地支持了工会组织的价值和贡献。例如，Brown 等学者较早展开了工会作用的实证研究，他们发现工会对企业生产率存在正向影响，这种作用发挥的机制在于工会充当了工人和管理层沟通的途径；根据 1998—2004 年日本 5 000 多家企业的数据，研究者检验了工会存在对企业生产率、利润率、工资等方面的影响，结果发现日本企业工会对生产率和工资存在正向影响的同时，并没有对企业利润率产生负面影响。我国学者的研究发现，工会帮助企业处理与员工的关系，改善企业的劳动关系，员工的尊重需求得到满足，员工的工作满意度随之提高，使员工所处的工作环境保持一个比较和谐的氛围。

尽管大量的研究都表明工会不是可有可无，不是无足轻重，它能够对组织绩效产生积极作用，但是在现实的管理实践中工会功能并没有得到充分的发挥。虽然国家早就立法对工会的定位、职能等有了强制要求，尽管企业内部也都建立了工会，但工会的作用还没有充分发挥出来，究其原因主要包括以下几个方面：新时期工会在企业中的地位、作用、任务都在发生变化，传统的工会工作模式无法适应；企业体制、机制不断转变，在此过程中，企业漠视工会的建设；许多工会干部思想观念滞后，跟不上企业改革发展的步伐，工作还习惯于上级布置什么就干什么，应付差事，缺乏创新与活力；员工队伍出现多元化、复杂化，政治地位和经济待遇也出现了明显差距，不同的员工群体对工会工作的要求和希望也不尽相同；等等。除此之外，工会没有发挥应有作用很大程度上是因为人们的认识误区，“组织组织活动”“逢年过节慰问员工”等表面化的刻板印象极大地限制了工会深层次作用的发挥。

虽然目前企业工会的实际表现并不尽如人意，但是，法律赋予工会的权力以及工会独特的地位使它在企业文化建设方面能够发挥独特的作用，主要有以下 3 个方面。

首先，企业工会可以通过职工代表大会，集体集会等形式使职工积极地参与到企业文化建设之中。工会深入职工群众中去了解职工的生活细节、家庭状况、行为习惯等，可以为企业文化的发展积累素材。工会要发挥自身的维护功能，鼓励职工自觉学习企业文化，使企业文化贯彻到职工的工作行为中。

其次，企业工会可以组织各种文化体育活动，带领职工参与到文化建设的队伍之中，职工群众参与文化体育活动的过程中，可以增强团结意识、竞争意识、集体荣誉感，也是展现一个企业文化的方式。

最后，企业工会发挥教育职能，培育员工的企业精神，让职工群众切实感受到企业精神的存在，工会组织的宣传和指导工作，使职工能够真正地理解企业精神的内涵，体会到它的真正价值。同时工会也可以组织体现企业精神的模范代表学习活动，让职工群众能够切实感受到企业精神的真实存在，通过劳动模范的真实事迹来引导职工的行为。

天士力集团成立于 1994 年 5 月。20 多年来，天士力集团坚持自主创新，走高新科技产业化道路，已经初步形成了以生物医药产业为核心，以保健品、健康食品产业和医疗康复、健康养生、健康管理服务产业为两翼的产业布局。集团工会在集团党委的领导下，在不断完善工会制度和组织建设的基础上，打造了一支专业化的工会干部队伍，并努力通过扎扎实实的工作将工会与企业战略紧密结合起来，具体如下。

(1) 完善的工会制度和组织建设。2013 年，天士力集团重新修订完成集团工会各项规章制度 19 个，初步形成集团工会制度汇编，集团工会工作手册接近 3 万字，由工会章程、工会组织机构及职责和工会职能三部分组成。发展到 2014 年，集团工会在驻津单位下已设有 12 个分工会，分工会主席 12 名、兼职工会干部 170 名。在控股集团层面，天士力工会成立了各专业委员会，在二级公司成立了分工会，由集团工会统一协调。完善的工会制度和组织建设既凸显了工会工作的严肃性，又保障了工会各项职能的顺利有序开展。通过形成完善的制度以及从组织上保障了工会职责的顺利履行，员工的相关诉求再也不是随机性地解决，员工对组织的心理契约就可以稳定地强化。

(2) 专业的工会人才。正如一个企业的运行状态取决于企业的领导者，一个工会的运行状态很大程度上取决于工会的领导者。相较于许多企业工会的无作为和不敢作为，天士力集团工会能够有这样积极的状态，离不开一群有理想、有抱负的天士力工会人。天士力集团下属12个主要子公司，主要类别为工业和服务业，子公司规模不尽相同。子公司的工会主席均为女性。与其说是女性的性格温和，更容易处理好工会工作，不如说是她们个人的优秀特质使她们能更加胜任工会主席的角色。本科以上学历，多为经济管理类专业出身，丰富的学识使她们掌握了过硬的知识技能，在充分掌握国家法规和政策的基础上，构建了完整的工作理论体系。大多数工会主席已在公司工作5年以上，有着较为丰富的行政管理工作经验，对公司的基本工作内容和运作流程熟稔于心，与员工形成了良好的互动关系，这也为工会工作的开展打下了良好的基础。

(3) 以组织战略为导向的工作安排。工会的功能最终将通过一系列的具体活动体现。有些工会将活动直接等同于文体活动，这也难怪工会常常被定义为“俱乐部”，无法赢得企业和员工的尊重。现代企业工会职能的履行不应是机械的，必须站在组织战略的高度，深入审视和分析员工关系的重大问题，并基于工会的独特优势，系统地构建对组织战略实现有意义的活动。随着“85后”“90后”新生代员工成为工作主体，许多公司的管理工作遇到很大的挑战。天士力20多个各分公司工会的主席和兼职的工会委员一同到沈阳飞机工业集团取经学习。回到公司，大家也像沈阳飞机工业集团一样开始在基层进行班组建设。第一年天士力集团成立31个班组，各分工会不断总结推广，大家互相交流学习，第二年就扩大到60多个。天士力的班组体系建设不断发展，如今已形成全集团覆盖，它们就像根系牢牢地把员工凝聚起来。类似这样的活动，天士力集团工会还精心设计了很多，如幸福之家、员工帮助计划等。这些工作并不炫目，但都是紧紧围绕员工关系和组织绩效这条主线展开，实实在在地夯实了管理的基础，从根本上保障了组织的持续竞争力。

天士力集团工会的实践让我们看到了中国工会未来的发展：它正在成为越来越多的员工信任和支持的高效平台。今天，面对新生代员工带来的管理挑战，企业必须重新认真深入地思考工会的作用，切实实现工会沟通员工和企业的最重要桥梁作用，因为它的积极作为会为员工与企业的双赢提供最坚实的保障。

总的来说，工会是企业文化和员工关系建设中不可或缺的力量，代表员工、维护员工、引导员工、教育员工，工会能够施展的空间非常广阔，而且有很多地方是公司人力资源部门不能相比的。有工会的大力支持，幸福组织就会建设得更加扎实。

系统思考并推进组织支持，积极帮助员工构建和谐工作家庭关系，通过实施 EAP 项目让组织支持有效落地，切实实现工会在经营活动中的功能。相信通过这样一系列的实际操作，能够将企业文化所努力营造的氛围更具体地呈现出来，在这样的组织中，员工一定是幸福的。

本章讨论的是幸福组织的第五个构成要素：企业文化。虽然不直接创造价值，但企业文化对员工状态以及组织氛围有着决定性的影响。在强大文化的作用下，组织会出现积极向上的人际关系，好人好事得到倡导，坏人坏事得到抑制，整个企业其乐融融。无形的文化通过有形的保障，让员工感受到实实在在的关心和温暖。一个幸福组织一定是以文化为基础的，这样的幸福也才更有底蕴、更加长久。

结束语：
打造幸福组织的五要素

选择这个题目，写这本书，不是一个研究者的无病呻吟、故弄玄虚，然后闭门造车，实在是因为当我们回首过去 40 年的管理实践并展望未来企业的竞争态势，就会发现，给组织增添幸福的色彩是一个期望持续发展的企业必须要做的、有意义的事情。

或许到了重新认识目标和手段的时间了。对于领导者来说，在今天这样一个极其不确定的背景下，如果还是把绩效当成目标，一切努力都是围绕绩效转，绩效肯定无法实现，这一点倒是可以非常确定。员工已经变了，未来他们还会变。至于他们的行为怎么变，谁也无法预测，但是越来越看重自己的幸福却是不会变的，这就使得员工将从幸福的视角审视企业，谁也不会在不幸福的组织里耽误时间。所以，绩效不是目的，幸福才是。

幸福是什么？这是不可能有标准答案的问题。是存乎于内心的稍纵即逝的感受，抑或是生理的舒适感和心理的愉悦感，虽然扑朔迷离，人们总是试图影响它、把握它、获得它。近些年，心理学总算开启了阳光心态，从研究病理转向研究美好。尽管对幸福机制的认识，就像人们对大脑的认识一样还差得很远，但已有的成果已经为幸福组织建设提供了重要的线索。

根据积极心理学给出的个体幸福的公式，结合企业的管理制度和系统，在广泛讨论的基础上，本书尝试给出了幸福组织建设的五要素模型。

(1) 幸福组织是招聘出来的：招聘本来就幸福的人，并且让他们一直和工作动态匹配。

(2) 设计可以带来幸福的工作：物理环境安全有趣，工作本身富有意义。

(3) 让追随幸福起来的领导力：领导力意味着幸福力，能够给下属带来幸福感的领导者将会把重心放在如何让追随者更加投入，并打造出积极的团队人际关系。

(4) 实在的薪带来幸福的心：薪酬不是企业付出的成本，而是对人们热爱工作的感谢，实实在在的薪酬带给员工稳稳的、持久的、可以选择的幸福。

(5) 营造幸福氛围的企业文化：企业文化所营造的氛围把员工卷入幸福中，而具体的保障手段让幸福温暖可及。

再说一次，这5个要素没有哪一个是新鲜的。本书只是希望企业能站在新的立场上重新思考。虽然幸福感完全是一种个人感受，但对于职场人来说，他的整体幸福感很大程度上受到所在企业的影响。营造一个幸福的组织，听上去似乎并没有直接带来盈利，但它却是未来组织发展的必然趋势，也是适应环境变化的必然选择。

几年前，有个问题很流行，“你幸福吗?”。几年后，相信也有个问题会流行起来，“你在企业里幸福吗?”。希望到那时候，作为企业领导者的你不至于茫然或无措。

致 谢

接触积极心理学是通过 8 年前在往返京津两地城际列车上观看哈佛大学幸福课的视频。当时，经营环境的巨大变化已经对企业管理的各个方面提出了挑战。自己思考的问题是人力资源管理的未来会是怎样？有时候跳出你曾经熟悉的领域，到另外的领域看看，真的能够找到一些灵感，这就是笔者在积极心理学学习中的感触。幸福，是人类的终极使命，企业不能仅仅以利润为导向，未来的企业必须要通过员工幸福这个中介变量才能实现绩效和成长。感谢 8 年多的旅行，尽管有时从容、有时狼狈，这也让自己能够反复体会幸福与沮丧。

3 年前开始在南开大学商学院组织幸福沙龙讨论。参加讨论会的有南开大学商学院的 MBA 和一些已经毕业的校友。讨论的过程是幸福的，尤其是当就一个微妙的环节有所感悟的时候。很遗憾，这样一些美好的“流”体验很难用文字呈现出来。感谢幸福沙龙的组织者李娇同学、李文延同学，谢谢沙龙的积极参与者赵赓达同学、王玺玥同学、石磊同学、徐红斌同学等，就不一一列出了。你们的小故事让整个沙龙都是开心的，你们的经验让大家都有了重要的参考。

特别感谢《经营与管理》杂志社的记者刘佳女士、时代光华的郭颖先生以及清华大学出版社的张伟老师，他们的支持和鼓励是这本书最终得以出版的缘起。

特别感谢天津市社会科学规划项目（项目编号：1305041）和国家社会科学基金资助项目（项目编号：19BGL118）的支持，这也是一种鞭策。

特别感谢国家留学基金管理委员会，从动笔草稿到整理完成历时两年多，如果没有到明尼苏达大学德鲁斯分校做访问学者，恐怕本书还难以完成初稿，这里安静的环境非常有助于文字工作的效率。

特别要感谢这个时代，人们都在努力地追求幸福，尽管方式不一定对。这本书或许能帮点小忙。

初稿于 2018 年 9 月 29 日

明尼苏达大学德鲁斯校区

修订于 2020 年 4 月 15 日

北京市西城区

参 考 文 献

［1］ 陈春花，等．企业文化［M］. 北京：机械工业出版社，2013.

［2］ 丁心境．幸福学概论［M］．郑州：郑州大学出版社，2010.

［3］ 董克用，等．人力资源管理概论［M］．北京：中国人民大学出版社，2003.

［4］ 冯俊科．西方幸福论［M］．长春：吉林人民出版社，1992.

［5］ 刘小平．中国情境下的员工组织承诺研究［M］. 北京：社会科学文献出版社，2012.

［6］ 卢俊卿．幸福企业才是最好的企业［M］．北京：中国社会出版社，2012.

［7］ 吕峰．领导进化［M］．北京：机械工业出版社，2010.

［8］ 吕峰．领导学［M］．北京：清华大学出版社，2019.

［9］ 孙凤．和谐社会与主观幸福感［M］．北京：科学出版社，2007.

［10］ 孙耀君．西方管理思想史［M］．太原：山西经济出版社，1987.

［11］ 奚恺元，等．撬动幸福［M］．北京：中信出版社，2008.

［12］ 徐碧琳，陈颉．组织行为与非正式组织研究［M］．北京：经济科学出版社，2009.

［13］ 岳川博．创建幸福企业［M］．北京：北京大学出版社，2011.

［14］ 俞国良，等．社会心理学前沿［M］．北京：北京师范大学出版社，2010.

［15］ 卡尔．积极心理学：有关幸福和人类优势的科学［M］. 丁丹，译．北京：中国轻工业出版社，2013.

［16］ 沙因．组织文化与领导力［M］．马红宇，王斌，译．北京：中国人民大学出版社，2011.

［17］ 沙因．组织心理学［M］．马红宇，王斌，译．北京：中国人民大学出版社，2009.

［18］ 艾恩．奖励的惩罚［M］．程寅，等译．上海：上海三联书店，2006.

［19］ 弗雷德里克森．积极情绪的力量［M］．王珺，译．北京：中国人民大学出

版社，2010.

[20] 圣吉．第五项修炼——学习型组织的艺术与实践［M］．张成林，译．北京：中信出版社，2009.

[21] 鲁森斯．组织行为学［M］．王垒，等译．北京：人民邮电出版社，2003.

[22] 柯林斯．从优秀到卓越（珍藏版）［M］．俞利军，译．北京：中信出版社，2009.

[23] 彼得森．积极心理学［M］．徐红，译．北京：群言出版社，2010.

[24] 达夫特．领导学：原理与实践［M］．杨斌，译．北京：电子工业出版社，2005.

[25] 阿什克纳斯，等．无边界组织［M］．姜文波，译．北京：机械工业出版社，2005.

[26] 塞利格曼．真实的幸福［M］．洪兰，译．沈阳：万卷出版公司，2010.

[27] 西尔弗．信号与噪声［M］．胡晓娇，译．北京：中信出版社，2013.

[28] 罗宾斯，库尔特．管理学［M］．孙健敏，黄卫伟，王凤彬，等译．第9版．北京：中国人民大学出版社，2018.

[29] 科特，赫斯克特．企业文化与经营业绩［M］．李晓涛，译．北京：华夏出版社，1997.

[30] 库泽斯，波斯纳．领导力［M］．李丽林，杨振东，译．北京：电子工业出版社，2004.

[31] 赫拉利．未来简史［M］．林俊宏，译．北京：中信出版社，2017.